APRENDIZAGEM
teoria e prática

Conselho Acadêmico
Ataliba Teixeira de Castilho
Carlos Eduardo Lins da Silva
Carlos Fico
Jaime Cordeiro
José Luiz Fiorin
Magda Soares
Tania Regina de Luca

Proibida a reprodução total ou parcial em qualquer mídia
sem a autorização escrita da editora.
Os infratores estão sujeitos às penas da lei.

A Editora não é responsável pelo conteúdo deste livro.
O Autor conhece os fatos narrados, pelos quais é responsável,
assim como se responsabiliza pelos juízos emitidos.

Consulte nosso catálogo completo e últimos lançamentos em **www.editoracontexto.com.br**.

Nelson Piletti

APRENDIZAGEM

teoria e prática

Copyright © 2012 do Autor

Todos os direitos desta edição reservados à Editora Contexto (Editora Pinsky Ltda.)

Foto de capa
Guilherme, por Vanessa C. Pinsky

Montagem de capa e diagramação
Gustavo S. Vilas Boas

Preparação de textos
Lilian Aquino

Revisão
Ana Paula Luccisano

Dados Internacionais de Catalogação na Publicação (CIP)
(Câmara Brasileira do Livro, SP, Brasil)

Piletti, Nelson
Aprendizagem : teoria e prática / Nelson Piletti. –
1. ed., 1ª reimpressão. – São Paulo : Contexto, 2022.

Bibliografia.
ISBN 978-85-7244-786-7

1. Aprendizagem 2. Educação – Brasil 3. Psicologia da aprendizagem 4. Psicologia educacional I. Título.

13-00960   CDD-370.1523

Índice para catálogo sistemático:
1. Aprendizagem : Psicologia educacional : Educação   370.1523

2022

Editora Contexto
Diretor editorial: *Jaime Pinsky*

Rua Dr. José Elias, 520 – Alto da Lapa
05083-030 – São Paulo – SP
PABX: (11) 3832 5838
contexto@editoracontexto.com.br
www.editoracontexto.com.br

SUMÁRIO

Introdução 9

Algumas teorias 15
    Teoria do condicionamento 16
    Teoria da Gestalt 20
    Teoria de campo 22
    Teoria cognitiva 24
    Teoria fenomenológica 28
    Por falar nisso 30

Motivando para aprender 31
    Funções dos motivos 32
    Teorias da motivação 33
    Alguns princípios 39
    Por falar nisso 42

SUPERANDO DIFICULDADES 45
    Dificuldades escolares 46
    Dificuldades familiares 49
    Dificuldades individuais 53
    Por falar nisso 56

BUSCANDO A EFICIÊNCIA 57
    Prontidão para aprender 57
    Atitude ativa 60
    Sentido da aprendizagem 61
    Repetições espaçadas 64
    Conhecimento do progresso 65
    Ensino para a prática 66
    Superaprendizagem 67
    Aprendizagem livre 67
    Por falar nisso 69

APRENDENDO COM LIBERDADE 71
    Atitudes pessoais 72
    Caminhos da liberdade 78
    Por falar nisso 83

CRIANDO E APRENDENDO 85
    O que é criatividade? 85
    Fases da criatividade 87
    Obstáculos à criatividade na escola 91
    Educação criativa 91
    Por falar nisso 95

APRENDENDO COM OS AMIGOS 97
    Grupos infantis 99
    Grupos pré-adolescentes 100
    Grupos adolescentes 101
    Grupos de amigos 103
    Por falar nisso 106

Incorporando a aprendizagem 107
    Explicações para o esquecimento 108
    Fatores que favorecem a retenção 110
    Atributos da memória 112
    Por falar nisso 116

Dominando as novas tecnologias 117
    O desenvolvimento das TICs e o surgimento da internet 119
    A Unesco e a competência em TICs para professores 121
    O uso e a proibição das novas TICs em sala de aula 122
    Por falar nisso 127

Avaliando a aprendizagem 129
    O que é avaliação? 130
    Etapas da avaliação 132
    Instrumentos de avaliação 133
    Interpretação dos resultados 136
    O problema da reprovação 137
    Autoavaliação 139
    Por falar nisso 141

Professores e alunos 143
    Uma relação dinâmica 144
    A interação social 145
    A importância da percepção 147
    O clima psicológico 149
    Por falar nisso 153

Bibliografia 155

O autor 159

INTRODUÇÃO

Ninguém ignora tudo. Ninguém sabe tudo. Todos nós sabemos alguma coisa. Todos nós ignoramos alguma coisa, por isso aprendemos sempre. (Paulo Freire)

Se há uma verdade em Pedagogia, não pode ser outra que esta: todos os seres humanos, sem exceção – não importam idade ou sexo, cor da pele ou situação socioeconômica, crença ou ideologia –, são capazes de aprender.

Diferentes podem ser o ritmo e a velocidade, os materiais e os métodos, as condições pessoais e o contexto da aprendizagem; diversos também serão as intenções e os objetivos, as motivações e os interesses, mas, desde que os fatores necessários estejam presentes, não resta dúvida de que ocorrerá a aprendizagem.

E são esses precisamente os objetivos deste livro: por um lado, facilitar a compreensão do processo de aprendizagem em suas múltiplas peculiaridades; e, por outro, oferecer subsídios e sugestões no sentido de criar as condições adequadas para que o processo se desenvolva com eficiência, adaptando-se, portanto, às características de cada aprendiz, considerando o contexto socioeconômico e cultural em que se situa cada escola.

Não se trata de oferecer receitas prontas ou fórmulas mágicas, mas de estimular a reflexão, a discussão, o debate de teorias, de ideias, de pontos de vista, de práticas, para que, em confronto com as próprias experiências, cada um possa chegar a conclusões pessoais que informem e orientem o seu quefazer cotidiano. Conclusões provisórias, evidentemente, sujeitas a novos questionamentos e experiências, cujo resultado não pode ser outro que o aprimoramento de pensamentos e ações, em consonância com o dinamismo vital e contextual.

Embora os dois primeiros capítulos façam referência explícita a algumas teorias – de aprendizagem, no primeiro, e da motivação, no segundo –, ao longo de todo o livro o que prevalece é a busca da interação entre teoria e prática, com base em numerosos exemplos extraídos do cotidiano escolar.

Sem motivação, dificilmente teremos aprendizagem, e, se eventualmente esta ocorrer de maneira forçada, não será duradoura e logo será esquecida. Além de diversas teorias explicativas do processo motivacional, o capítulo "Motivando para aprender" também discorre sobre as funções dos motivos e alguns princípios da motivação.

O aprendiz pode estar firmemente motivado a engajar-se em um processo de aprendizagem. Porém, pode deparar-se com uma série de dificuldades a prejudicar ou, até mesmo, entravar o sucesso da empreitada, tais como problemas relacionados à organização da escola, aos métodos e materiais de ensino; e/ou originários do arranjo familiar de que faz parte, aos quais podem somar-se os relativos às características pessoais, tanto orgânicas quanto psíquicas ou de interação social. É dessas dificuldades, e das maneiras de lidar com elas, com vista a reduzir os seus efeitos negativos, que trata o capítulo "Superando dificuldades".

Motivado e consciente das dificuldades, apto a lidar com elas, o aprendiz depara-se com uma nova e fundamental questão, a dos níveis de aprendizagem. Claro que o desejável é que ele não se conforme com o mínimo, mas procure alcançar o máximo, um conhecimento que seja realmente duradouro e que tenha consequências em sua vida cotidiana. E há procedimentos que favorecem essa busca da eficiência no processo de aprendizagem, apresentados no capítulo "Buscando a eficiência": prontidão para encarar o processo, atitude ativa, compreensão do sentido da aprendizagem, repetições espaçadas da matéria, conhecimento do progresso alcançado, ensino orientado para a prática, superaprendizagem e aprendizagem livre.

Parte da eficiência do processo de aprendizagem também está relacionada à condição livre ou compulsória do estudante. Como já destacado, o trabalho forçado não conduz a aprendizagens duradouras, constituindo o livre engajamento do aprendiz fator decisivo no sentido de se alcançar os objetivos colimados. No capítulo "Aprendendo com liberdade", são sugeridas atitudes pessoais do educador e alguns caminhos práticos tendentes a concretizar um ensino que tenha na liberdade um princípio fundamental.

Além da liberdade, o estímulo à criatividade e o engendramento de condições que a favoreçam também constituem fatores importantes na busca da excelência do processo de ensino e aprendizagem. Assim, temas como a definição de criatividade e suas fases, obstáculos à criatividade na escola e educação criativa são abordados no capítulo "Criando e aprendendo".

"Aprendendo com os amigos" é o assunto do capítulo seguinte, que ressalta a enorme influência dos grupos – infantis, pré-adolescentes e adolescentes –, bem como da amizade, durante as várias etapas da escolaridade, na medida em que a educação é uma obra coletiva, cujo sucesso ou fracasso depende muitas vezes das relações interpessoais de alunos e professores.

Em grande parte, a aprendizagem duradoura depende da nossa capacidade de memorizar o aprendido, o que atualmente parece tornar-se tanto mais difícil quanto mais numerosos são os estímulos ambientais – superestimados no caso das novas tecnologias – a distrair nossa atenção, prejudicando a necessária concentração no estudo. É disso que trata o capítulo "Incorporando a aprendizagem", que aborda itens como as explicações para o esquecimento, os fatores que favorecem a retenção do material e os atributos da memória.

Sabemos que as novas tecnologias de informação e comunicação (TICs) estão disseminadas pelos quatro cantos do planeta, modificando substancialmente nossa vida cotidiana e nossa própria atividade cerebral. Sabemos também que a escola não tem como manter-se fora dessa engrenagem. O que precisamos fazer é evitar sermos escravizados pelas TICs, colocando-as a nosso serviço, inclusive no processo educativo. É este o assunto do capítulo "Dominando as novas tecnologias": as novas tecnologias e a internet, a necessária competência dos professores em novas tecnologias e as novas tecnologias na sala de aula.

A avaliação escolar, sem dúvida, constitui um dos aspectos mais problemáticos e polêmicos do processo de ensino e aprendizagem. Não só pela sua, muitas vezes, equivocada compreensão, como também pelos efeitos não raras vezes deletérios sobre os alunos. Refletir sobre o assunto para possíveis correções de rumos nunca é demais. No capítulo "Avaliando a aprendizagem", são oferecidas sugestões para tanto, discorrendo sobre o que é avaliação, suas etapas e instrumentos, a interpretação dos resultados, a reprovação e a autoavaliação.

Finalmente, no capítulo "Professores e alunos" trata-se daquilo que, apesar de todas as transformações sociais, econômicas e tecnológicas, continua essencial no processo de ensino e aprendizagem escolar, que é a relação entre professores e alunos: uma relação que deve ser dinâmica, no contexto da interação social, baseada na percepção positiva e favorecida por um clima psicológico construtivo e democrático.

Concluindo esta sucinta introdução, cumpre ressaltar um diferencial que – além da linguagem dinâmica e da permanente relação dialética entre teoria e prática – distingue este pequeno livro: o estímulo constante à reflexão ao longo de toda a obra, mas principalmente por meio de pequenos boxes críticos e questionadores, entremeados no texto básico, e da seção *Por falar nisso*, no fim de cada capítulo, com frases sobre os assuntos tratados.

O grande e premente objetivo, em cuja concretização este livro pretende engajar-se, é a melhoria da qualidade da educação brasileira, para a qual todos estamos convocados a oferecer a nossa colaboração, na razão direta da nossa consciência e da nossa responsabilidade.

* * *

O autor agradece a Geovânio Rossato e a Solange Marques Rossato pela valiosa colaboração no desenvolvimento do capítulo "Dominando as novas tecnologias".

ALGUMAS TEORIAS

> *Sentimos que, mesmo que todas as questões científicas possíveis tenham obtido resposta, nossos problemas de vida não terão sido sequer tocados.*
> (Wittgenstein, 1922)

Em todos os tempos, o ser humano sempre procurou compreender e explicar o mundo em que vive, como forma de encontrar recursos para enfrentar os problemas e sobreviver. Entretanto, as explicações para os fenômenos do universo foram mudando, ao longo da história, à medida que avançou o conhecimento humano. Assim, se antigamente os temporais eram atribuídos à cólera dos deuses, hoje se sabe que são causados por diferenças de pressão, temperatura e umidade entre as massas de ar. Até há cerca de cinco séculos acreditava-se que a Terra era o centro do universo; hoje se sabe que ela é apenas um dos planetas do sistema solar.

Ultrapassar as aparências e duvidar do que a maioria acha que é certo parecem ser atitudes que fazem avançar o conhecimento científico. Os contemporâneos de Copérnico, por exemplo, aceitavam a *teoria geocêntrica*, segundo a qual o Sol gira ao redor da Terra. Se Copérnico não duvidasse dessa crença geral, certamente não teria procurado pesquisar melhor o assunto, e não teria chegado à conclusão de que é a Terra que gira ao redor do Sol, ou seja, à *teoria heliocêntrica*.

Da mesma forma, no campo da aprendizagem, os psicólogos, por exemplo, não aceitam que alguém aprenda simplesmente porque outra pessoa ensina ou, mesmo, apenas porque quer aprender. Por que duvidam disso? Porque obervaram que muitas pessoas a quem se ensina não querem aprender e, por isso, não aprendem. Também observaram que outras pessoas, embora querendo aprender, não conseguem fazê-lo sem que alguém lhes ensine; observaram ainda outras pessoas que, embora querendo aprender e tendo alguém que lhes ensine, assim mesmo não aprendem.

A aprendizagem, apesar de ser universal e ocorrer durante toda a vida, não é tão simples quanto possa parecer à primeira vista. Os teóricos ainda não chegaram a um acordo sobre certos aspectos considerados mais importantes no processo de aprendizagem. Enfatizando mais ou menos determinados elementos do processo, chegaram a diversas teorias, entre as quais se destacam: *teoria do condicionamento, teoria da Gestalt, teoria de campo, teoria cognitiva* e *teoria fenomenológica*.

TEORIA DO CONDICIONAMENTO

Burrhus Frederic Skinner (1904-1990), um dos principais formuladores da teoria do condicionamento – também denominada behaviorismo, da palavra inglesa *behavior*, ou comportamentalismo –, foi um dos psicólogos mais conhecidos dos Estados Unidos. Nascido na Pensilvânia, filho de um reconhecido advogado, graduou-se em Harvard e passou a dedicar-se à pesquisa. Após seu doutorado, em 1931, e muitas pesquisas, difundiu seus estudos sobre a análise experimental do comportamento, propondo o chamado behaviorismo radical, que considera os estados mentais inacessíveis ao estudo científico.

Para Skinner, os indivíduos são como "caixas-pretas": podemos identificar os estímulos que os atingem e as respostas que dão a esses estímulos, mas não podemos conhecer experimentalmente os processos internos que fazem com que determinado estímulo leve a um dado comportamento ou resposta. No entanto, se descobrimos o estímulo que produz a resposta ou comportamento desejado, quando pretendemos obter o mesmo comportamento, é só aplicar ao indivíduo o mesmo estímulo.

A aprendizagem resulta, portanto, de um processo de *condicionamento*. Ou seja, se quisermos que uma pessoa desenvolva um novo comportamento, devemos condicioná-la à aprendizagem desse novo comportamento.

Há dois tipos de condicionamento:

- o **condicionamento respondente ou reflexo** refere-se a comportamentos reflexos ou involuntários, como lacrimejar, salivar etc., nos quais o estímulo é apresentado antes da resposta: por exemplo, a vista de um alimento gostoso faz a pessoa salivar; descascando cebola, o indivíduo lacrimeja. Até aí, não há condicionamento. Este existe quando a pessoa é levada a esses comportamentos diante de um estímulo que, naturalmente, não os provoca. O exemplo clássico é o de Pavlov: ao mesmo tempo que se apresenta o alimento ao cachorro, toca-se a campainha; depois de repetidas associações dos dois estímulos – comida e campainha – o cão passa a salivar diante do simples toque dela, ou seja, foi condicionado, aprendeu a salivar ao ouvir a campainha, coisa que antes não fazia.

- o **condicionamento operante** refere-se a comportamentos voluntários e, nesse caso, o estímulo é apresentado depois do comportamento. Em geral, os indivíduos tendem a repetir os comportamentos satisfatórios e a não repetir os que não trazem satisfação. Então, para que ocorra o condicionamento, basta fazer com que o comportamento que queremos que a pessoa aprenda seja satisfatório para ela. E podemos fazer isso oferecendo estímulos agradáveis, chamados reforços, apenas quando o indivíduo emite a resposta desejável.

Na escola, os alunos são constantemente submetidos a condicionamentos operantes que, de acordo com a teoria, fazem com que eles aprendam. Isso ocorre, por exemplo, quando os pais oferecem prêmios aos filhos se obtiverem bons resultados; o professor fala "muito bem", sorri, dá uma boa nota, quando o aluno acerta uma conta, escreve corretamente, presta atenção, fica em silêncio etc. Nesses exemplos, obter bons resultados, acertar uma conta, escrever corretamente, prestar atenção, ficar em silêncio, são os comportamentos esperados dos alunos; prêmios, "muito bem", sorrir, boa nota constituem *reforços positivos*, que levam o aluno a repetir o comportamento reforçado.

Mas os alunos também podem ser condicionados a manifestar os comportamentos esperados e evitar os indesejáveis para esquivar-se dos chamados *reforços negativos*: repreensões, ameaças, castigos e outras formas de punição. Para Skinner, no processo educativo, é sempre melhor utilizar os reforços positivos e evitar os negativos.

Para que ocorra o condicionamento e, portanto, a aprendizagem, não é necessário oferecer o reforço todas as vezes em que o indivíduo emite o comportamento desejado. O reforçamento intermitente, no qual algumas respostas são reforçadas e outras, não, produz um condicionamento mais duradouro.

O condicionamento é feito aos poucos, vai de comportamentos simples a outros mais complexos. Para melhor compreender como se desenvolve o processo, vejamos o exemplo de um experimento realizado por Skinner que ensinou um ratinho – animal utilizado por ele em grande parte dos seus experimentos – a puxar um cordão que pendia do alto da gaiola. Isso fazia com que caísse uma bolinha, que o rato pegava com as patinhas da frente e jogava num buraquinho existente num canto da gaiola. Depois dessa série de comportamentos, o animal recebia o reforço – uma bolota de ração.

O processo foi desenvolvido aos poucos, em pequenos passos: de início, o pesquisador dava o reforço (a bolota de ração) a cada vez que o ratinho se aproximava da cordinha; depois, a cada vez que encostava na cordinha; em seguida, quando a agarrava com as patinhas, quando a puxava, quando se aproximava da bolinha e assim por diante. No final do processo de aprendizagem, o ratinho só receberia a ração se jogasse a bolinha no buraco. É evidente que, para o experimento obter sucesso, o ratinho precisava estar com fome.

Skinner conseguiu muito sucesso com seus experimentos: ensinou pombos a jogar tênis de mesa, a controlar projéteis teleguiados e outras proezas. Mas será que, na sala de aula, o sucesso será tão garantido quanto no laboratório, em experimentos com animais? Para verificar isso, Skinner criou as máquinas de ensinar e a instrução programada, em que o indivíduo é reforçado, podendo avançar no programa cada vez que emite uma resposta correta, sentindo-se reforçado. Caso contrário, voltará a questões já vistas e que não foram bem aprendidas. Assim, cada um avança de acordo com o seu próprio ritmo, num processo de aprendizagem mais individualizado.

Entretanto, a situação de sala de aula é muito complexa e nem sempre é possível ou conveniente transferir para seres humanos as descobertas realizadas com animais em laboratório. Algumas pesquisas evidenciaram que, muitas vezes, a ausência de reforço mostra melhores resultados que qualquer reforço. E que estudantes mais criativos e independentes tendem a sair-se mal em programas de instrução programada.

Pensando no que acontece em nossas escolas, de um modo geral, será que podemos afirmar que o processo de ensino e aprendizagem está organizado segundo os parâmetros da teoria do condicionamento? E quais os resultados alcançados?

Continuando a nossa reflexão sobre o assunto, vejamos o que diz o educador A. S. Neill, fundador da escola de Summerhill, famosa por organizar-se com base na liberdade dos seus alunos:

> O perigo de recompensar uma criança não é tão sério como o de castigá-la, mas a sabotagem moral da criança através da outorga de recompensas é mais sutil. Recompensas são coisas supérfluas e negativas. Oferecer um prêmio por fazer algo é o mesmo que declarar que esse algo não vale a pena de ser feito por si mesmo. [...]
> Quando se considera o interesse natural de uma criança em coisas, começamos a perceber o perigo tanto da recompensa como do castigo. Tanto uma coisa como outra tendem a pressionar a criança para o terreno do interesse. Mas o verdadeiro interesse é a força vital de toda a personalidade, e tal interesse é completamente espontâneo. É possível forçar a atenção, porque a atenção é um ato consciente. É possível estar atento a um resumo escrito na lousa e ao mesmo tempo estar interessado em piratas. Embora se possa forçar a atenção, não se pode forçar o interesse. Homem algum pode ser interessado – digamos – em colecionar selos e eu próprio não me posso forçar a me interessar por selos. Ainda assim, tanto a recompensa como o castigo tentam forçar o interesse. (1968: 151)

E então, quem será que tem razão, Skinner ou Neill? Ou será que ambos deram contribuições importantes à compreensão e ao desenvolvimento do processo de ensino e aprendizagem?

Teoria da Gestalt

Os fundadores e difusores da Gestalt estudaram Filosofia e Psicologia na Universidade de Berlim, Alemanha: Max Wertheimer (1880-1943) publicou em 1912 seus *Estudos experimentais da percepção do movimento*, marco inicial da Psicologia da Gestalt; Wolfgang Köhler (1887-1967) realizou vários estudos sobre a cognição dos chimpanzés, observando o comportamento deles quanto à solução de problemas; e Kurt Koffka (1886-1940) também publicou importantes obras com estudos na área.

Para os teóricos da Gestalt, no processo de aprendizagem, a experiência e a percepção são mais importantes que as respostas específicas dadas a cada estímulo. Experiência e percepção englobam a totalidade do comportamento e não apenas respostas isoladas e específicas.

Quando o indivíduo vai iniciar um processo de aprendizagem qualquer, ele já dispõe de uma série de atitudes, habilidades e expectativas sobre a sua própria capacidade de aprender, seus conhecimentos, e percebe a situação de aprendizagem de uma maneira particular, certamente diferente da forma de percepção dos seus colegas. Por isso, o sucesso da aprendizagem vai depender das suas experiências anteriores.

A pessoa seleciona e organiza os estímulos de acordo com suas próprias experiências e não responde a eles isoladamente, mas vai percebendo a situação como um todo e reagindo a seus elementos mais significativos. Assim, percebe uma *forma*, uma *estrutura*, uma *configuração* ou *organização*. Termos aproximados do significado da palavra alemã *Gestalt*.

Os psicólogos gestaltistas entendem que o *insight* é determinante na ocorrência da aprendizagem. E o que é o *insight*? Trata-se de uma espécie de estalo, de compreensão repentina a que chegamos depois de várias tentativas infrutíferas em busca de uma solução. E são numerosos os exemplos cotidianos do fenômeno: você perdeu uma chave, procura em muitos lugares, tenta lembrar-se de onde a deixou, e nada de encontrá-la. Depois, quando parou de procurar, está fazendo outra coisa, lembra-se repentinamente de onde a deixou.

Outro exemplo: você está tentando resolver um problema de matemática há horas, não consegue e acaba deixando-o de lado. Repentinamente, descobre a solução. Um terceiro exemplo: você tem um trabalho de aula para fazer, não sabe como começar, pensa em mil e uma maneiras, nenhuma do seu agrado. E quando você menos espera, uma solução ótima aparece.

Os três exemplos mostram algumas das características da aprendizagem por *insight*: há necessidade de uma série de experiências prévias; a solução aparece repentinamente, quando tudo passa a ter sentido; a aprendizagem ocorre em consequência de uma contínua organização e reorganização da experiência, que permite a compreensão global da situação e a percepção dos seus elementos mais significativos.

Quanto à educação, muitos consideram a teoria da Gestalt, na medida em que tenta explicar aspectos ligados à solução de problemas, mais rica e eficaz que a teoria do condicionamento. Também parece mais adequada à explicação do trabalho científico e artístico, que, muitas vezes, depende de um estalo, de uma compreensão repentina – depois que o cientista ou artista lidou bastante com o assunto – para se desenvolver.

Teoria de campo

A chamada teoria de campo é derivada da Gestalt. De acordo com o seu principal formulador, Kurt Lewin (1890-1947) – psicólogo norte-americano de origem alemã –, são as forças do *ambiente social* que levam o indivíduo a reagir a alguns estímulos e não a outros; ou que levam diferentes pessoas a reagirem de maneiras diversas ao mesmo estímulo. A influência dessas forças sobre o indivíduo depende em alto grau das suas próprias necessidades, atitudes, sentimentos e expectativas, pois são estas condições internas que constituem o campo psicológico de cada um.

O *campo psicológico* é constituído pelo ambiente, incluindo suas forças sociais, da maneira como é visto ou percebido pelo indivíduo. O que acontece é que, por exemplo, uma equação do 2º grau, a história do antigo Egito ou o relevo da Mongólia são percebidos como problemas a serem resolvidos pelo professor ou por alguns alunos, mas não por outros, cujo campo psicológico é diferente e que têm outras prioridades e preocupações no momento.

Lindgren (1971 I: 42) apresenta o seguinte exemplo:

> Simone estava aflita e infeliz no primeiro dia de aula, na escola de educação infantil. Ela havia imaginado a escola como uma experiência agradável excitante, mas, ao invés disso, estava confusa, deprimida e ansiosa. Durante os primeiros dias, ficou grudada à professora, recusou-se a participar dos jogos e atividades e ficou a maior parte do tempo chupando o dedo, coisa que não fazia desde os três anos. No começo da segunda semana, entretanto, ela começou a corresponder às sugestões da professora de que poderia gostar de brincar de casinha com algumas outras meninas, e, depois de alguns dias, estava gostando da escola como qualquer outra criança.

Inicialmente, Simone percebeu a escola como uma situação ameaçadora, cheia de perigos desconhecidos, e manteve-se ansiosa, junto à professora, como teria permanecido junto à mãe. Quando conseguiu organizar um quadro da nova situação, desenvolvendo o conceito de si mesma como aluna da escola, passou a comportar-se mais de acordo com essa realidade e sentiu-se mais segura. A professora agiu de maneira correta, não fazendo muita pressão para que Simone participasse das atividades com outras crianças, respeitando o seu estado de espírito, por entender que o seu comportamento era normal nos primeiros dias de escola.

A conclusão de Lindgren (1971 I: 42-3) é a seguinte:

O fato é que o comportamento das crianças é determinado por sua percepção de si próprias e do mundo que as rodeia. Se esta percepção se modifica, muda também seu comportamento. Por mais que o desejem, os professores não podem transmitir conceitos diretamente às crianças, insistindo, por exemplo, para que se tornem mais maduras e realistas em suas atitudes. Usualmente, essas sugestões diretas servem apenas para fortalecer as atitudes imaturas que estão interferindo no desenvolvimento de conceitos mais realistas e consequentes comportamentos.

Há necessidade, portanto, de que os professores, para bem desempenhar a sua função educativa, desenvolvam sua sensibilidade em relação aos sentimentos e atitudes infantis, compreendendo dessa forma o campo psicológico das crianças.

Teoria cognitiva

A teoria cognitiva, desenvolvida inicialmente pelo pedagogo e filósofo norte-americano John Dewey (1859-1952) e, depois, pelo psicólogo, também norte-americano, Jerome Bruner (1915-1980), concebe a aprendizagem *como solução de problemas*. É por meio da solução dos problemas do dia a dia que os indivíduos se ajustam ao seu ambiente. Da mesma forma deve proceder a escola, no sentido de desenvolver os processos de pensamento do aluno e melhorar sua capacidade para resolver os problemas do cotidiano.

Como a escola pode fazer isso? É Dewey quem responde:

> A criança não consegue adquirir capacidade de julgamento, exceto quando é continuamente treinada a formar e a verificar julgamentos. Ela precisa ter oportunidade de escolher por si própria e, então, tentar pôr em execução suas próprias decisões, para submetê-las ao teste final, o da ação. (apud Lindgren, 1971 I: 253).

Dewey foi um professor preocupado com os problemas práticos do ensino, defendendo o ponto de vista de que a aprendizagem deve aproximar-se o mais possível da vida prática dos alunos. Ou seja, se a escola quer preparar os educandos para a vida democrática, para a participação social, deve praticar a democracia dentro dela, dando preferência à aprendizagem por descoberta.

Passos do pensamento científico

Aprender é solucionar problemas, processo que segue os passos do pensamento científico, que são seis no entender de Dewey:

1º) **Tornar-se ciente de um problema.** Para que um problema comece a ser resolvido, é preciso que seja transformado numa questão individual, cuja solução constitua uma necessidade sentida pelo indivíduo. O que é problema para uma pessoa pode não ser para outra. Daí a importância da motivação, assunto do capítulo "Buscando a eficiência". Na escola, um problema só será real para o aluno quando sua não resolução constituir fator de perturbação para ele.

2º) **Esclarecimento do problema.** Consiste na coleta de dados e informações sobre tudo o que já se conhece a respeito do problema. É uma etapa importante, que permite selecionar a melhor forma de atacar o problema, e que pode ser desenvolvida com o auxílio de fichas, resumos, programas de computador etc.

3º) **Formulação de hipóteses.** Uma hipótese é a suposição da provável solução do problema, surgindo após um período de reflexão sobre o assunto e suas implicações, a partir dos dados coletados na etapa anterior.

4º) **Seleção da hipótese mais provável.** Depois de formulada, cada hipótese deve ser confrontada com o que já se conhece como verdadeiro sobre o problema. Rejeitada uma hipótese, parte-se para outra. Assim, num exemplo simples, quando o carro não "pega", levanto algumas hipóteses: bateria descarregada, falta de combustível, problemas no platinado ou nas velas etc.

5º) **Verificação da hipótese**. A verdadeira prova da hipótese considerada a mais provável só se fará na prática, na ação. Se o carro foi abastecido, não pode ser falta de combustível. E a bateria? Verifica-se, empurra-se o carro, não "pega"? Talvez seja outro o problema, que deve ser redefinido, pois a solução de problemas ocorre num movimento contínuo, percorrendo seguidamente uma série de etapas.

6º) **Generalização**. Em situações semelhantes posteriores, uma solução já encontrada poderá contribuir para a formulação mais realista das hipóteses. A capacidade de generalizar consiste em saber transferir soluções de uma situação para outra.

Solucionando problemas

São várias as formas que podem ser utilizadas para estimular os alunos a enfrentar e solucionar os problemas na sala de aula:

– Convém que o ensino da sala de aula seja o mais aproximado possível da realidade em que vive o aluno, a fim de que ele aprenda na prática e aprenda a refletir sobre a sua própria ação. Sobre isso, Lindgren (1971 I: 219) relata um exemplo bastante ilustrativo:

> Uma pessoa que visitava uma turma de quarto ano perguntou às crianças:
> – O que vocês fazem quando, ao andar pelo corredor, veem um pedaço de papel no chão?
> Todas as crianças responderam:
> – A gente apanha e põe no cesto do lixo.
> Alguns minutos mais tarde, soou o sinal do recreio e as crianças saíram depressa para brincar, passando pelo corredor que levava ao pátio. O corredor estava cheio de papel picado (posto pelo visitante). Havia um cesto de lixo por perto. Nenhuma criança parou para pegar o papel.

– A criança deve ser estimulada a não ficar na dependência dos livros, do professor, das respostas dos outros. Convém educá-la para que ela encontre as suas próprias respostas. É muito mais educativa a solução de um problema real, a que a criança chegou por conta própria, do que a memorização de dez soluções apresentadas pelo professor.

– Convém que o aluno seja motivado a desenvolver o seu raciocínio, que tenha a oportunidade de raciocinar. Para tanto, é melhor a apresentação da matéria em forma de problemas a serem resolvidos do que em forma de respostas a serem memorizadas.

– É importante, também, que o professor utilize uma linguagem acessível ao estudante, próxima da sua linguagem habitual. Se o aluno não entender o problema, não souber do que se trata, não terá como resolvê-lo. E a simples memorização, como vimos, não contribuirá para a sua aprendizagem significativa. Vejamos um exemplo:

> Uma amiga, ao visitar uma escola, recebeu um convite para examinar os alunos em geografia. Depois de olhar um pouco o livro, perguntou:
> – Suponha que você abra um buraco no chão e chegue a uma grande profundidade. Como seria o fundo do buraco? Seria mais quente ou mais frio do que a superfície?
> Como ninguém na classe respondeu, a professora disse:
> – Eu estou certa de que eles sabem, mas você não perguntou corretamente. Vou experimentar.
> Pegou então o livro e perguntou:
> – Em que condição está o interior do globo?
> Recebeu a imediata resposta de metade da classe:
> – O interior do globo está numa condição de fusão ígnea. (James apud Mouly, 1973: 310)

Ou seja, metade dos alunos havia memorizado a resposta, mas, aparentemente, ninguém havia entendido o seu significado.

– O trabalho em grupo favorece o desenvolvimento da capacidade para solucionar problemas, pois permite a apresentação de hipóteses mais variadas e em maior número.

– A direção autoritária da classe, em que o professor manda e os alunos obedecem, prejudica o desenvolvimento do raciocínio: se os estudantes não participam da formulação do problema, é natural que tendam a atribuir ao professor a responsabilidade pela solução. Nessa situação, os alunos tornam-se dependentes das respostas do professor, em vez de desenvolverem a sua criatividade.

Teoria fenomenológica

Como os gestaltistas e os cognitivistas, os teóricos da fenomenologia dão grande importância à maneira como o aluno percebe a situação em que se encontra. Além disso, entendem que a criança aprende naturalmente, que ela cresce por sua própria natureza.

O mais importante é que o material a ser aprendido tenha significado pessoal para o aprendiz. O material sem sentido exige dez vezes mais esforço para ser aprendido do que o material com sentido, e aquele é esquecido muito mais depressa.

O que pode fazer a escola para facilitar a aprendizagem a partir da própria experiência da criança? Snygg e Combs (apud Lindgren, 1971 I: 254-9), representantes da teoria fenomenológica, apresentam algumas sugestões:

– Proporcionar aos alunos oportunidades de pensar por si próprios, por meio da criação de um clima democrático na sala de aula, de maneira que eles sejam encorajados a expressar suas opiniões e a participar das atividades do grupo.

– Que cada estudante tenha a possibilidade de desenvolver os estudos de acordo com o seu ritmo pessoal. O êxito e a aprovação devem ser baseados nas realizações de cada um, considerando o avanço alcançado, e não em comparação com os outros.

– A escola deve considerar o impulso universal de todos os seres humanos no sentido de concretizar suas próprias potencialidades, não reprimindo tal impulso, limitando-o à competição artificial e ao sistema rígido de notas.

Para o pensador e militante político italiano Antonio Gramsci (apud Fiori, 1979: 128), "a teoria não traduzível em fatos é abstração inútil e as ações não sustentadas pela teoria são impulsos infrutíferos". Ou seja, como em qualquer setor da atividade humana, também na escola teoria e prática devem interagir visando favorecer a melhoria da qualidade da aprendizagem.

O que acontece em nossas escolas? Veja o que ocorre na França, de acordo com o ex-professor de ensino fundamental e médio e escritor Daniel Pennac:

> Na pedagogia como no restante: desde que cessamos de refletir sobre os casos particulares (ora, neste domínio, todos os casos são particulares), nós procuramos, para regular nossos atos, a sombra de uma boa doutrina, a proteção da autoridade competente, a caução do decreto, a assinatura ideológica em branco. Em seguida, nos instalamos sobre certezas que nada pode alterar, nem mesmo o desmentido cotidiano do real. Trinta anos depois, se a educação nacional inteira muda de rumo para evitar o iceberg dos desastres acumulados, nos autorizamos uma tímida virada interior, mas é a virada do navio mesmo, e lá vamos nós, seguindo o rumo de uma nova doutrina, sob o bordão de um novo comando, em nome de nosso livre-arbítrio, bem entendido, eternos antigos alunos que somos. (2008: 111)

Vamos pensar um pouco sobre as afirmações do texto: até que ponto abandonamos a reflexão sobre os casos particulares das salas de aula, que são reais, deles extraindo a orientação para nossas ações, para nos submetermos às doutrinas, teorias e modas pedagógicas do momento? Ou, por outra, agimos segundo nossos impulsos, desconsiderando completamente as contribuições das teorias em relação ao nosso trabalho? Temos consciência da importância da autonomia no sentido de manter o equilíbrio entre a teoria e os casos particulares no processo educativo?

Por falar nisso

"Há, verdadeiramente, duas coisas diferentes: saber e crer que se sabe. A ciência consiste em saber; em crer que se sabe está a ignorância." (Hipócrates)

"O trabalho teórico, como a cada dia mais me convenço, realiza mais no mundo do que o trabalho prático. Quando a esfera das ideias é revolucionada, a realidade existente não resiste." (Hegel)

"O ensinamento dos grandes homens tem com frequência uma simplicidade e uma naturalidade que faz o que é difícil parecer fácil de apreender." (G. H. von Wright)

"Quem quer que tenha algo verdadeiro a dizer se expressa de modo simples. A simplicidade é o selo da verdade." (Schopenhauer)

"A ignorância produz atrevimento; a reflexão, vagar." (Péricles)

"Uma pessoa comum maravilha-se com coisas incomuns; um sábio maravilha-se com o corriqueiro." (Confúcio)

"Teorias há cujo fruto prático é a desordem e o extermínio." (Rui Barbosa)

"Um livro eivado de teorias é como um objeto com etiqueta de preço." (Proust)

"A teoria sem prática é puro verbalismo inoperante, a prática sem teoria é um ativismo cego." (Paulo Freire)

MOTIVANDO PARA APRENDER

> *Há muita sabedoria nos ditos populares. Como aquele que diz: "É fácil levar a égua até o meio do ribeirão. O difícil é convencer ela a beber a água...". De fato: se a égua não estiver com sede, ela não beberá água por mais que o seu dono a surre... Mas, se estiver com sede, ela, por vontade própria, tomará a iniciativa de ir até o ribeirão. Aplicado à educação: "É fácil obrigar o aluno a ir à escola. O difícil é convencê-lo a aprender aquilo que ele não quer aprender...".* (Rubem Alves)

Todo o esforço do professor será completamente inútil se o aluno não estiver interessado em aprender. Por mais que um assunto interesse ao professor, não vai interessar, necessariamente, aos estudantes e, muito menos, a todos eles. Um problema que existe para o professor pode não existir da mesma forma para o aluno.

A motivação é fator fundamental da aprendizagem. Pode haver aprendizagem sem professor, sem livro, sem computador, sem escola e sem uma porção de outros recursos. Mas, mesmo que existam todos esses recursos favoráveis, se não houver motivação, não haverá aprendizagem.

Entretanto, apesar da sua importância, a motivação nem sempre recebe a devida atenção do professor. É muito mais fácil providenciar um manual, até mesmo um computador, transmitir a matéria, mandar fazer pesquisa, cobrar nas provas, dar notas, como geralmente ainda se faz em muitas escolas. Procurar motivar os alunos para que se interessem pela matéria, a fim de que estudem de forma independente e criativa, é muito mais difícil. Os resultados, porém, serão muito mais gratificantes para professores e alunos, que, ao final do processo, poderão sentir-se realizados.

Neste capítulo, vamos ver o que são os motivos e quais as suas funções, as diversas teorias com suas interpretações para a motivação e alguns princípios que podem ajudar o professor a estimular os seus alunos para aprender.

Funções dos motivos

Motivar significa predispor o indivíduo para certo comportamento desejável naquele momento. O aluno está motivado para aprender quando está disposto a iniciar e continuar o processo de aprendizagem, quando está interessado em aprender determinado assunto, em resolver um dado problema etc.

Segundo Mouly (1973: 258-9), são três as funções mais importantes dos motivos:

1ª) **Os motivos ativam o organismo**. Os motivos levam o indivíduo a uma atividade, na tentativa de satisfazer suas necessidades. Qualquer necessidade gera tensão, desequilíbrio. Os motivos mantêm o organismo ativo até que a necessidade seja satisfeita e a tensão desapareça.

2ª) **Os motivos dirigem o comportamento para um objetivo**. Diante de um problema, uma necessidade ou um desequilíbrio, diversas ações podem apresentar-se como capazes de resolver o problema, satisfazer a necessidade ou reduzir o desequilíbrio. São os motivos que vão orientar a escolha da ação ou ações mais adequadas para atingir o objetivo. Não basta que o organismo esteja ativo, é preciso que sua ação seja orientada para os objetivos visados. Na sala de aula, por exemplo, não é suficiente que os alunos participem de atividades, muitas vezes dispersas e sem sentido, mas é necessário que estas sejam eficientes em relação às metas a serem alcançadas.

3ª) **Os motivos selecionam e acentuam a resposta correta.** As respostas ou comportamentos que conduzem à satisfação das necessidades serão aprendidos, mantidos e provavelmente repetidos quando uma situação semelhante se apresentar novamente.

Teorias da motivação

Vejamos como quatro teorias psicológicas – teoria do condicionamento, teoria cognitiva, teoria humanista e teoria psicanalítica – explicam a motivação.

Teoria do condicionamento

No capítulo "Algumas teorias", vimos que, para a teoria do condicionamento, a aprendizagem ocorre por associação de determinada resposta a um reforço. Nessa visão teórica, para que alguém seja motivado a emitir certo comportamento, é preciso que esse comportamento seja reforçado seguidamente, até que a pessoa fique condicionada.

Aprendemos em decorrência de estímulos externos, ou seja, somos motivados a agir por conta dos resultados do nosso comportamento. Assim, a motivação estaria relacionada a incentivos externos, extrínsecos ao indivíduo.

Em outras palavras, uma necessidade leva a uma atividade (resposta ou comportamento) que a satisfaz, e aquilo que satisfaz ou reduz a necessidade serve como um reforçamento da resposta, fortalecendo-a. Isto é, o indivíduo atua para alcançar um reforço que vai satisfazer sua necessidade.

Em sala de aula, por exemplo, haverá motivação para aprender na medida em que as matérias oferecidas estiverem associadas a reforços que satisfaçam certas necessidades dos alunos. As recompensas e os reforços são considerados essenciais à aprendizagem e os vemos constantemente nos elogios do professor, nos carimbos ou palavras motivacionais colocadas no caderno do aluno, nas fichas que, depois de acumuladas, podem ser trocadas por prêmios, na boa nota conseguida em provas e trabalhos etc.

Esforçar-se para aprender determinado conteúdo para evitar perder o recreio, receber uma boa nota, uma bicicleta no final do ano, significa que o aluno está emitindo determinado comportamento para alcançar um reforço. Porém,

> centrar-se em aprender apenas para conseguir um prêmio pode resultar numa aprendizagem que não irá permanecer, sendo ineficaz, pois não responde à necessidade de realização pessoal. Quando se estuda apenas para cumprir uma obrigação, para obter uma nota, esquece-se muito mais rápido do que quando se estuda a matéria porque se gosta. (Piletti e Rossato, 2011: 154)

Teoria cognitiva

Enquanto, como vimos, a teoria do condicionamento considera que o que leva a pessoa a aprender é o reforçamento externo (uma recompensa dada quando a pessoa produz a resposta esperada), a teoria cognitiva dá maior importância a fatores intrínsecos, racionais, como objetivos, intenções, expectativas e planos do indivíduo.

Como ser racional, o ser humano decide conscientemente o que quer ou não quer fazer, o que quer ou não quer aprender.

Pode interessar-se pelo estudo da Matemática por considerar que esse estudo lhe será útil no trabalho, na convivência social, apenas para satisfazer a sua curiosidade ou porque se sente bem quando estuda matemática.

Bruner, um dos principais teóricos cognitivistas, estabeleceu uma comparação entre o seu ponto de vista e o ponto de vista dos defensores do condicionamento:

> O desejo de aprender é um motivo intrínseco, que encontra tanto sua fonte como sua recompensa em seu próprio exercício. O desejo de aprender torna-se um "problema" apenas sob circunstâncias específicas, como nas escolas em que um currículo é estabelecido e os alunos são obrigados a seguir um caminho fixado. O problema não existe na aprendizagem em si, mas no fato de que as imposições da escola frequentemente falham, uma vez que esta não desperta as energias naturais que sustentam a aprendizagem espontânea – curiosidade, desejo de competência, desejo de competir com um modelo e um compromisso profundo em relação à reciprocidade social...
> [...] O reforçamento externo pode, sem dúvida, conservar o desempenho de uma determinada ação e pode mesmo levar à sua repetição. Mas ele não nutre o longo curso da aprendizagem pelo qual o homem constrói lentamente, a seu próprio modo, um modelo útil do que o mundo é e do que ele pode ser. (apud Klausmeier, 1977: 259-60)

Teoria humanista

Abraham Maslow (1908-1970), um dos formuladores da teoria humanista, aceitou a ideia de que o comportamento humano pode ser motivado pela satisfação de necessidades biológicas, mas também rejeitou a teoria de que toda a motivação humana pode ser explicada em termos de privação, necessidade e reforçamento.

As necessidades obedecem a uma hierarquia: as de ordem superior, como as de realização, de conhecimento e estéticas também são consideradas básicas, mas só se manifestam depois que as de ordem inferior forem satisfeitas. Quando não tem alimento, o ser humano vive apenas para consegui-lo, mas o que acontece quando consegue satisfazer essa sua necessidade? Imediatamente surgem outras necessidades, cuja satisfação provoca o aparecimento de outras e, assim, sucessivamente, numa escala piramidal de sete conjuntos de motivos-necessidades:

1º) As **necessidades fisiológicas** mais importantes: oxigênio, líquido, alimento e descanso. Um indivíduo com as necessidades fisiológicas insatisfeitas tende a comportar-se como um animal em luta pela sobrevivência. A satisfação das necessidades fisiológicas é uma condição indispensável para a manifestação e a busca de satisfação de necessidades de ordem superior. Portanto, não é a privação, mas sim a satisfação das necessidades fisiológicas que permite ao indivíduo dedicar-se a atividades que satisfaçam necessidades de ordem social.

2º) A **necessidade de segurança** manifesta-se pelo comportamento de evitar o perigo, pelo recuo diante de situações estranhas e não familiares. Geralmente, as pessoas buscam uma casa para se abrigarem, a companhia de outras pessoas para se sentirem mais protegidas, seguras e fortes. É essa necessidade que leva o organismo a agir rapidamente em qualquer situação de emergência como doenças, catástrofes naturais, incêndios etc.

3º) As **necessidades sociais**, de amor e participação, expressam o desejo de todas as pessoas de se relacionarem afetivamente com os outros, de pertencerem a um grupo, de amarem e serem amadas. Explicam a tristeza e a saudade que sentimos diante da ausência de amigos e parentes de quem gostamos.

4º) A **necessidade de estima** leva-nos a procurar a valorização e o reconhecimento por parte dos outros. Quando essa necessidade é satisfeita, sentimos confiança em nossas realizações, que temos valor para os outros, que podemos participar na comunidade e ser úteis. O sucesso ou fracasso do aluno na escola dependem, em parte, da sua autoestima, da confiança que tem em si mesmo. Mas essa autoestima e essa confiança originam-se da estima e da confiança que os outros depositam nele.

5º) A **necessidade de realização** expressa nossa tendência a transformar em realidade o que somos potencialmente, a realizar nossos sonhos e planos, a alcançar nossos objetivos. Uma pessoa adulta que se sente bem no casamento, outra que gosta da sua vida de solteiro, da profissão que exerce, de uma participação social, provavelmente estarão satisfeitas em relação a essa necessidade. A satisfação da necessidade de realização é sempre parcial, na medida em que sempre temos projetos inacabados, sonhos a concretizar, objetivos a atingir.

6º) A **necessidade de conhecimento** abrange a curiosidade, a exploração e o desejo de conhecer novas coisas, de adquirir mais conhecimento, que cabe, em grande parte, à escola satisfazer. Mais forte em uns do que em outros, a sua satisfação depende de análises, sistematização de informações, pesquisa etc.

Se um aluno não está conseguindo aprender, é provável que sua dificuldade seja decorrente da não satisfação de alguma ou de várias necessidades que antecedem, na hierarquia, a necessidade de conhecimento. Pode ter dificuldade em aprender por estar com fome ou cansado, inseguro quanto ao futuro, isolado na família ou no grupo de colegas, por sentir-se desprezado ou inferiorizado ou, ainda, por sentir-se frustrado em relação a muitos dos seus planos e objetivos. Dessa forma, há um longo caminho a percorrer para que o professor possa entender por que vários ou grande parte dos alunos têm dificuldades em entender o que ele está tentando ensinar.

7º) A **necessidade estética**, a última da escala, manifesta-se através da busca constante do belo e parece universal na criança, segundo Maslow, e cabe, também, à escola contribuir para a sua satisfação por meio de atividades vinculadas às diversas artes: música, cinema, teatro, pintura etc.

Teoria psicanalítica

Para Sigmund Freud (1856-1939), fundador da Psicanálise, o aparelho psíquico humano compõe-se de três instâncias, que estão continuamente interagindo de forma dinâmica: o id, o ego e o superego.

1º) O **id**, hereditário, está ligado ao organismo físico e é a fonte de todos os instintos e impulsos. São dois os instintos básicos: o instinto da vida, de que faz parte o impulso sexual, ou instinto construtivo; e o instinto da morte ou instinto destrutivo. Da predominância de um ou de outro, desenvolver-se-á uma personalidade mais construtiva, cooperadora, amorosa, ou uma mais agressiva e possessiva. O id orienta-se pelo princípio do prazer, isto é, impulsiona o organismo a procurar e fazer tudo o que traz prazer.

2º) O **ego** resulta da interação do id com o meio social. É a instância racional da personalidade, que procura manter o controle sobre o id, verificando que desejos e impulsos podem ou não ser satisfeitos. O ego rege-se pelo princípio da realidade e tenta manter o equilíbrio entre o id e o superego.

3º) O **superego** é formado pelas normas e padrões sociais internalizados, principalmente na infância, pelo indivíduo, que vai assimilando as regras de conduta, o que pode e não pode fazer, o que convém ou não convém ao sistema social.

E são as primeiras experiências infantis, segundo a Psicanálise, os principais fatores a determinar todo o desenvolvimento posterior do indivíduo. Geralmente, as pessoas não têm consciência, não sabem os motivos que as levam a agir de uma ou de outra forma.

Como se dá a motivação inconsciente? Quando criança, todo o indivíduo tem uma série de desejos e impulsos que procura satisfazer, muitos dos quais não podem ser satisfeitos em virtude das proibições religiosas, morais, culturais, sociais de uma forma geral. O que acontece então? Eles são reprimidos para o inconsciente e lá se reorganizam a fim de se manifestarem de outra forma, de uma maneira que não contrarie as normas sociais.

Assim é que muitos desejos e impulsos passam a se manifestar através de atividades artísticas, culturais, esportivas etc. Isto é, sua energia vai ser canalizada para atividades permitidas e, até, estimuladas pela sociedade. Outros impulsos e desejos podem procurar realizar-se através dos sonhos; outros, ainda, por meio de sintomas físicos, doenças psicossomáticas, gagueira, dor de cabeça, paralisias parciais etc.

O fato de um aluno ter aversão à Matemática e ter dificuldades em aprender esta ou qualquer outra matéria, por exemplo, pode ser consequência das primeiras experiências que teve com a disciplina: professor autoritário, ridicularização por parte dos colegas quando errou, falta de apoio em casa para a realização das tarefas etc.

Alguns princípios

A seguir são apresentados alguns princípios que podem orientar o professor em sua difícil tarefa de adequar suas propostas de trabalho às reais necessidades e objetivos dos alunos e, em contrapartida, procurar motivá-los para que se interessem e se dediquem com afinco ao estudo da matéria pela qual é responsável. Trata-se, evidentemente, de princípios e orientações gerais, cuja aplicação a cada caso deve ser avaliada pelo docente.

1º) **Atrair a atenção do aluno** para o que está sendo estudado. Quanto mais jovem o estudante, maior a necessidade de utilizar recursos variados e não apenas "saliva e giz". Convém estimular todos os sentidos, dar exemplos, lembrar filmes sobre o assunto, aguçar a curiosidade de crianças e jovens com questões e problemas, incluir na discussão fatos do dia a dia que aparecem na mídia etc.

A história que segue, acontecida num colégio suíço, é um exemplo de como, muitas vezes, os professores não aproveitam a motivação, o interesse dos alunos sobre fatos vinculados à matéria:

> Tocou a sineta. O professor de História entrou na sala, mas a discussão entre os alunos continuou, intensa e apaixonada... Dois alunos dessa sala do Colégio de Genebra são espanhóis. Na noite anterior, o general Franco havia ordenado a execução de três bascos oposicionistas, o que provocou reações no mundo inteiro. Os alunos viram-se para o professor e pedem sua opinião, sua ajuda para compreenderem o que se passava: "Agora silêncio, calem a boca que está na hora de começar a aula de História..." (Harper et al., 1982: 63).

2º) **Possibilitar a cada aluno estabelecer e alcançar os próprios objetivos**. No estudo de qualquer assunto, os objetivos dos alunos não precisam ser os mesmos. Ao estudar Ciências, por exemplo, um pode ter o objetivo de satisfazer sua curiosidade sobre o corpo humano; outro pode pretender preparar-se para ser enfermeiro; um terceiro sonha em ser um cientista e assim por diante. Na medida em que a escola propiciar a cada um a possibilidade de se desenvolver em direção a seus objetivos particulares, relacionando-os com os objetivos específicos e gerais da matéria e da educação, o interesse pelo estudo certamente será maior.

Respeitados os objetivos e a realidade do estudante, não acontecerá o que Romain Rolland denuncia:

> [...] afinal de contas, não entender nada já é um hábito. Três quartas partes do que se diz e do que me fazem escrever na escola: a gramática, ciências, a moral e mais um terço das palavras que leio, que me ditam, que eu mesmo emprego – eu não sei o que elas querem dizer. Já observei que nas minhas redações as que eu menos compreendo são as que levam mais chance de serem classificadas em primeiro lugar. (apud Harper et al., 1982: 51)

3º) Criar condições para que os alunos **avaliem constantemente** se estão conseguindo alcançar os seus objetivos. Para tanto, o professor pode oferecer informações sobre os avanços que os estudantes estão conseguindo em relação à matéria. Pesquisas mostraram que alunos cujas provas receberam comentários escritos dos professores conseguiram, nas avaliações posteriores, avanços mais significativos do que aqueles cujas provas não receberam qualquer comentário.

4º) **Possibilitar discussões e debates**, atividades que podem contribuir para estimular o interesse e o envolvimento dos alunos. Muitas vezes, eles são obrigados a ficar em silêncio durante a aula inteira, o que facilita a distração e o devaneio. Veja este exemplo:

> Em classe, fizemos uma lista de ações que o aprendizado da língua exige. Com relação à língua falada, andei perguntado a meus alunos o que é que a escola fez para ensiná-los a falar. A resposta de Alan foi espontânea: *Mandaram a gente calar a boca!* (Fonvielle, apud Harper et al., 1982: 47).

Rubem Alves compara o trabalho do professor como motivador da aprendizagem ao da cozinheira:

> Quando vivi nos Estados Unidos, minha família e eu visitávamos, vez por outra, uma parenta distante, nascida na Alemanha. Seus hábitos germânicos eram rígidos e implacáveis. Não admitia que uma criança se recusasse a comer a comida que era servida. Meus dois filhos meninos, movidos pelo medo, comiam em silêncio. Mas eu me lembro de uma vez em que, voltando para casa, foi preciso parar o carro para que vomitassem. Sem fome o corpo se recusa a comer. Forçado, ele vomita.
> Toda a experiência de aprendizagem se inicia com uma experiência afetiva. É a fome que põe em funcionamento o aparelho pensador. Fome é afeto. O pensamento nasce do afeto, nasce da fome. Não confundir afeto com beijinhos e carinhos. Afeto, do latim *affetare*, quer dizer ir atrás. O "afeto" é o movimento da alma na busca do objeto de sua fome. [...]
> A tarefa do professor é a mesma da cozinheira: antes de dar faca e queijo ao aluno, provocar a fome [...]. (2004: 20 e 23)

Paremos um pouco e pensemos sobre a nossa própria experiência como estudantes: houve, por parte dos professores, a preocupação de motivar-nos para aprender a matéria que ensinavam? Ou para descobrir as motivações que nos animavam a estudar, se é que existiam, ou, por outra, em que medida só estudamos porque fomos obrigados?

Por falar nisso

"As aulas deveriam ser apaixonantes. Só que, para isso, necessitar-se-ia de professores apaixonados." (Sacha Guitry)

"É tarefa essencial do professor despertar a alegria de trabalhar e de conhecer." (Einstein)

"Professor é o mundo todo sintetizado em giz, apagador e tutano. [...] Um mestre que repita o mantra 'acredite que vai dar tudo certo, vá em frente' faz toda a diferença." (Jairo Marques)

"A aprendizagem não ocorre em situação de isolamento. Portanto, as sociedades devem garantir a todos os educandos assistência em nutrição, cuidados médicos e apoio físico e emocional para que participem de sua própria educação e dela se beneficiem." (Unesco)

"Quem quer que faça o melhor que suas circunstâncias permitem age bem, age com nobreza: os anjos não fariam melhor." (Edward Young)

"Nós rezamos pela subida do Nilo. O Nilo subiu, e fomos devastados pela inundação." (Provérbio árabe)

SUPERANDO DIFICULDADES

*Ele diz não com a cabeça/mas diz sim com o coração,/
ele diz sim ao que ele ama,/ ele diz não ao professor.*
(Jacques Prévert)

Dificuldades em relação à aprendizagem podem resultar da estrutura, da organização e do funcionamento da própria *escola*, muitas vezes inadequada ao desenvolvimento da criança, buscando antes a adaptação do aluno à escola do que desta àquele.

Outro grupo de dificuldades pode decorrer da *situação familiar* de cada aluno, muitas vezes não considerada pela escola e pelo professor. Assim, o arranjo familiar, o número de irmãos e a educação doméstica também interferem na aprendizagem escolar, com frequência dificultando-a, principalmente quando a escola desconsidera as situações particulares, tratando os alunos como se fossem todos iguais, com os mesmos problemas, as mesmas aspirações etc.

As *características individuais* de cada aluno – maturidade, ritmo pessoal, interesses e aptidões específicos, problemas nervosos e orgânicos – também podem ser fonte de dificuldades para a aprendizagem escolar.

Cabe à escola e ao professor, em primeiro lugar, levar essas dificuldades em consideração na organização das atividades e, em segundo lugar, orientar e apoiar os alunos em seu esforço para superá-las, em busca de uma aprendizagem mais eficiente.

Dificuldades escolares

Dentro da escola, encontramos, entre outros, quatro fatores que afetam a aprendizagem: o professor, a relação entre os alunos, os métodos de ensino e o ambiente escolar.

O professor

Certas qualidades do professor, como paciência, dedicação, vontade de ajudar e atitude democrática, facilitam a aprendizagem. Ao contrário, o autoritarismo, a inimizade e o desinteresse pelo próprio trabalho podem fortalecer no aluno atitudes negativas em relação ao processo escolar e, como consequência, resultar em baixo desempenho.

O autoritarismo e a inimizade, geralmente, geram antipatia por parte dos alunos. E a antipatia em relação ao professor pode transferir-se para a matéria que ele ensina, podendo resultar em distúrbios de aprendizagem que se prolongam por toda a vida escolar.

Portanto, é importante que o professor reflita sobre sua grande responsabilidade, principalmente em relação aos alunos mais novos, sobre os quais a sua influência é maior.

Apesar de todas as dificuldades que precisa enfrentar, cabe ao professor manter uma atitude positiva: de confiança na capacidade dos alunos, de estímulo à participação de todos, de entusiasmo em relação à matéria e de um relacionamento amistoso com os educandos.

A relação entre os alunos

Mais do que as palavras, é o exemplo do professor que vai influenciar o comportamento dos alunos. E a relação entre os mesmos também sofrerá influência do tipo de relação mantida entre eles e o professor. Se este for dominador e autoritário, os estudantes sentir-se-ão estimulados a também assumirem atitudes de dominação e autoritarismo em relação aos colegas.

Cria-se, então, um ambiente de desconfiança, de rejeição e, até mesmo, de agressão entre os estudantes. Estes podem reagir ao controle autoritário de forma ostensiva e violenta, quando se sentirem bastante fortes para tanto, ou de forma velada, por meio do desinteresse e da passividade, se não tiverem outra saída.

Um tal clima de competição, tensão e luta certamente trará efeitos negativos sobre o processo de aprendizagem, que só pode se desenvolver de forma satisfatória num ambiente de confiança, respeito e colaboração entre todos.

Esse esquema de dominação e controle reflete as relações mais amplas que se verificam na sociedade, geralmente fundadas na desigualdade. Tendo consciência do problema, o professor poderá atuar no sentido de criar um clima de confiança e de amizade na sala de aula, favorecendo a aprendizagem livre e criativa.

Os métodos de ensino

Os métodos autoritários, consistindo na transmissão pura e simples do conhecimento, certamente não são os mais indicados, não permitindo aos alunos, passivos e dependentes, desenvolverem-se de forma independente e criativa, fazendo suas próprias opções, reconhecendo os problemas e contribuindo para a sua solução.

Por outro lado, métodos didáticos que possibilitam a livre participação dos alunos, a discussão e a troca de ideias entre eles, com a elaboração pessoal do conhecimento das diversas matérias, contribuem de forma decisiva para a aprendizagem e o desenvolvimento da sua personalidade.

Daí a importância fundamental do trabalho em grupo, que, além de tornar mais produtivo o estudo das matérias escolares, também favorece a aprendizagem da convivência social, do respeito às ideias divergentes, às diferenças individuais etc.

A experiência mostra que a aprendizagem resultante de uma discussão em grupo é muito mais eficiente e duradoura que aquela decorrente de uma aula expositiva. No trabalho em grupo, o indivíduo sente-se muito mais envolvido, sendo solicitado a participar, compartilhando os seus pontos de vista. Como consequência, os resultados alcançados são vistos como fruto de elaboração pessoal e integram-se mais facilmente a seus conhecimentos e experiências anteriores.

Sobre o assunto, Lewin (apud Piletti, 2001: 149) conta o seguinte experimento: dois grandes grupos de donas de casa foram informados sobre as vantagens nutritivas e econômicas da utilização de miúdos na alimentação diária. Com uma diferença: o primeiro grupo ouviu uma palestra sobre o assunto e, depois, recebeu o texto por escrito; já o segundo grupo foi subdivido em grupos menores, que discutiram o mesmo tema. Depois de algum tempo, os pesquisadores passaram de casa em casa. Verificaram que apenas 3% das mulheres que haviam ouvido a palestra estavam consumindo miúdos, contra 32% das que haviam participado de grupos de discussão.

Há professores que alegam que os alunos não sabem trabalhar em grupo, perdem muito tempo e não chegam à conclusão nenhuma. Entretanto, ninguém nasceu sabendo e é preciso trabalhar em grupo para aprender. O tempo que se considera perdido, muitas vezes, é extremamente útil para o aluno, um tempo em que são estabelecidas relações positivas entre os colegas. Nem sempre é possível chegar a conclusões explícitas, que possam ser registradas no papel. Às vezes, as conclusões mais importantes são as que o aluno guarda para si, que vão influir diretamente sobre o seu comportamento.

O ambiente escolar

O ambiente escolar também exerce muita influência sobre a aprendizagem. O tipo de sala de aula, a disposição das carteiras e a posição dos alunos, por exemplo, são aspectos importantes. Uma sala mal iluminada e sem ventilação, em que os alunos permanecem sempre sentados na mesma posição, cada um olhando as costas do que está na frente, certamente não é o ambiente mais adequado para o trabalho livre e criativo.

Outro aspecto a considerar refere-se ao material didático colocado à disposição dos alunos. Nas primeiras séries do ensino fundamental, os alunos aprendem melhor fazendo, manipulando objetos, vivenciando situações concretas, do que simplesmente ouvindo palavras que, muitas vezes, não sabem o que significam.

O número de alunos da sala também deve ser considerado. Uma sala de aula abarrotada de crianças ou adolescentes torna a aprendizagem muito mais difícil, pois não permite ao professor um atendimento individual, com base no conhecimento das condições de estudo e de vida de cada um.

Dificuldades de aprendizagem também podem advir do tipo de gestão adotada no estabelecimento escolar. Se predominar a prepotência, o descaso e o desrespeito, a influência, certamente, será negativa. Por outro lado, se os alunos forem ouvidos, respeitados e valorizados, o seu desempenho escolar sairá favorecido.

DIFICULDADES FAMILIARES

Problemas familiares de variados tipos – econômicos, emocionais, culturais etc. – acabam afetando o processo de aprendizagem de crianças e adolescentes. Compreender tais problemas constitui o ponto de partida do trabalho do professor.

As dificuldades podem estar relacionadas ao arranjo familiar, ao número de irmãos e à posição do aluno entre eles, bem como ao tipo de educação dispensada pela família.

Arranjos familiares

Os alunos, geralmente, pertencem a arranjos familiares diversos: alguns vivem com o pai e a mãe; outros, com um dos pais; há ainda os que não vivem com nenhum dos pais, órfãos ou não. Mesmo morando com os pais, estes podem viver desunidos, com brigas constantes, não oferecendo ao filho um mínimo de recursos materiais, de carinho, compreensão, amor, condições importantes para o sucesso nas tarefas escolares.

Por outro lado, um lar em que todos os esforços são despendidos para uma sobrevivência difícil pode gerar tensões e conflitos para a criança, colocada entre duas realidades contrastantes: de um lado, a família sem recursos que lhe permitam uma sobrevivência digna; de outro, a escola exigindo ordem e organização.

É preciso levar em conta, porém, que, apesar de todas as dificuldades, os alunos geralmente querem aprender, veem na escola uma possibilidade de mudar de vida. Entretanto, muitas vezes, a forma como são tratados pela escola – sendo reprovados, julgados incapazes, desinteressados, bagunceiros etc. – desencoraja-os de prosseguir, achando que ela não foi feita para eles.

A criança e os seus irmãos

Quando o número de irmãos é muito grande, torna-se difícil para os pais dar a todos a atenção de que precisam. Por outro lado, crianças de famílias numerosas costumam ter maior experiência de atitudes cooperativas e serem mais independentes. Cabe ao professor tentar evitar que as carências prejudiquem a aprendizagem, valorizando os aspectos positivos que todos os alunos apresentam.

Há também o caso do filho único que, em casa, recebe todas as atenções dos pais e tem satisfeitas todas as suas vontades. Certamente, na escola, sendo apenas mais um entre outros vinte ou trinta, poderá desenvolver bloqueios à aprendizagem, desvalorizar a escola, pretender abandoná-la etc. Exige-se, nesse caso, todo um trabalho de adaptação à vivência em grupo.

A mesma situação pode ser vivenciada pelo filho caçula e, também, por aquele que, entre vários irmãos, é o único do seu sexo.

O tipo de educação familiar

A educação familiar adequada é aquela feita com amor, paciência e coerência, pois favorece nos filhos autoconfiança, que aumenta a disposição para aprender. Adultos incoerentes, que ensinam às crianças exatamente o contrário do que fazem, acabam prejudicando o desenvolvimento delas, que, em geral, aprendem com as atitudes dos adultos, e não com o que eles pretendem ensinar. Vejamos alguns exemplos de situações educacionais familiares e os efeitos que podem ter sobre o trabalho escolar:

a) A **educação autoritária** e opressora tende a provocar sentimentos divididos, a incapacidade para o trabalho e o entrosamento social, quando é exercida por um dos pais; resignação e fuga para o mundo da fantasia, quando exercida por ambos. Às vezes, a criança pode mostrar-se agressiva e teimosa; sempre, manifesta falta de ternura e amor.

b) A **criança muito mimada** tende a se dedicar à aprendizagem escolar na medida em que esta constituir um meio para alcançar o mimo. Cabe aos pais, no caso, substituir o excesso de mimo por uma educação mais equilibrada e, ao professor, tentar motivar o aluno a encontrar outras satisfações, que não o mimo, em suas atividades escolares.

c) A **educação desigual** ocorre quando o pai age de uma maneira e a mãe de outra, um professor ensina e trata os alunos de um jeito e de outro. Tal desigualdade pode produzir nervosismo e agressividade, impedindo uma aprendizagem eficiente. Uma criança pode imaginar que o seu comportamento agressivo levará o professor a satisfazer seus desejos, como acontece em casa. Caso não consiga, seu interesse pela atividade escolar, ao menos inicialmente, pode diminuir. A situação pode ser superada pela colaboração entre a escola e a família e pelo diálogo constante do professor com o aluno.

d) A **educação que valoriza a ambição**, o consumismo, o ter, mais do que o ser, nos casos em que os pais esperam que os seus filhos alcancem resultados fora do comum. A criança pode desenvolver um falso sentimento de superioridade, que não se baseia na realidade e, ao mesmo tempo, sentir-se frustrada por não conseguir satisfazer as expectativas dos pais. Muitas vezes, trata-se de pais frustrados, que pretendem realizar através dos filhos o que não conseguiram por si mesmos.

e) Em muitas famílias é comum a **falta de amor** pelos filhos. Crianças rejeitadas ou não amadas pelos pais manifestam muita necessidade de reconhecimento, de atenção, de carinho. Muitas vezes podem sentir satisfação em ser punidas ou maltratadas, pois estão sendo alvo de alguma atenção, sempre melhor que a indiferença. Cabe ao professor ser amigável, valorizar as suas realizações, especialmente nas áreas em que prevalecem suas capacidades e interesses.

DIFICULDADES INDIVIDUAIS

Inicialmente, o professor precisa estar atento ao nível de *maturidade*, ao *ritmo* pessoal e às *preferências* e *aptidões* dos alunos, procurando adequar as atividades de sala de aula a essas características individuais. Supor que todos os alunos de uma sala tenham grau de maturidade, ritmo de aprendizagem, interesses e aptidões iguais não corresponde à realidade. Por isso, não convém esperar de todos o mesmo desempenho e a realização das mesmas atividades ao mesmo tempo e da mesma maneira.

O ensino, antes de ser padronizado e igual para todos, deve adaptar-se às características individuais. Se Pedro prefere estudar individualmente, se Luciana se dá melhor discutindo com os colegas, se Lorenzo aprende mais trocando ideias com o professor, se Thomas gosta mais de pesquisar na biblioteca e Lucas prefere lidar com o computador, por que não respeitar as preferências e aptidões de cada um, dentro das possibilidades da escola?

Dificuldades de origem nervosa

Fatores de origem nervosa podem levar as crianças a apresentar comportamentos prejudiciais à aprendizagem:

a) A criança pode ter dificuldades de aprender porque não consegue ficar quieta em sua carteira: é hiperativa, não é capaz de concentrar sua atenção durante muito tempo na mesma tarefa. De início, o professor pode solicitar a essa criança maior número de atividades que exijam movimento e aumentar, pouco a pouco, os períodos de concentração numa única tarefa.

b) A criança também pode ter desenvolvido certos cacoetes ou hábitos de comportamento que a distraem das atividades escolares: chupar o dedo, coçar a cabeça, roer as unhas etc. Nesse caso, não é a repressão ou a ridicularização que vão ajudar, mas a atenção e a compreensão.

Esses comportamentos prejudiciais à aprendizagem podem resultar da insegurança com que os pais educam os filhos ou de problemas graves enfrentados pela família: o comportamento dos pais em relação aos filhos variando do extremo amor à máxima negligência; dificuldades de sobrevivência; falta de recursos para prover alimentação, moradia, vestuário, material escolar etc.

Características orgânicas

Crianças muito gordas, baixas ou altas em relação à média da sua idade podem apresentar distúrbios de aprendizagem. Também aqui é fundamental a ajuda do professor e dos colegas para a superação dos efeitos psicológicos que podem resultar dessas características, quais sejam, por exemplo, os complexos de inferioridade ou de superioridade, o isolamento social, a inibição etc.

Devemos, ainda, pensar na situação dos alunos portadores de necessidades especiais, muitas vezes discriminados em casa, na escola e na comunidade, enfrentando uma série de barreiras para estudar e aprender: falta de móveis e materiais apropriados, carência de professores competentes e compreensivos etc.

É importante que esses estudantes sejam valorizados, tenham seus direitos de expressão e participação respeitados. A discriminação dos indivíduos portadores de necessidades especiais (assim como a discriminação de qualquer minoria) é um dos mais graves desrespeitos aos direitos da pessoa humana, que o professor deve contribuir para superar, principalmente, com o próprio exemplo.

Sobre as dificuldades enfrentadas, de um modo geral, pelas crianças brasileiras para aprender, vejamos o que diz Viviane Senna, psicóloga e criadora do Instituto Ayrton Senna, que atende a dois milhões de crianças em 1.300 municípios brasileiros:

> A cada dez crianças que entram na 1ª série, só cinco saem do ensino básico. Perdemos metade das crianças do país nesse trajeto. Isso é muita ineficiência! [...] A criança não desiste logo, os estudos mostram que a criança fica insistindo na escola. Mas a educação é um investimento e, se a criança não evoluir, ela deixa a escola.
> As famílias tiram a criança da escola não porque não gostam de ver os filhos estudando, mas porque não veem resultados. O sistema expulsa a criança.
> As razões alegadas para esses péssimos resultados são equivocadas. Antigamente diziam que as crianças brasileiras eram subnutridas e, por isso, não aprendiam. Mas isso não é verdade. Não temos um padrão africano de pobreza, com exceção de algumas localidades. Dizer que a criança brasileira não aprende porque está subnutrida é lenda. Outra lenda, mais atual, é que as crianças mais pobres não aprendem porque têm famílias desestruturadas.
> Claro que são um fator contra a educação. Mas não podemos lavar as mãos e dizer que não temos como fazer a criança aprender. Não podemos esperar as crianças enriquecerem e que tenham famílias estruturadas para ensiná-las. É exatamente o contrário: justamente essas crianças pobres e com problemas na família é que precisam de uma ação agora.
> As crianças brasileiras são pobres, não são crianças belgas. E a escola brasileira tem de ser feita para a criança brasileira. Mas nós continuamos fazendo uma escola para quem tem condições de aprender sozinho em casa. (2012: A12)

Fundamentalmente, o que Viviane Senna afirma é que a população escolar mudou – quase todas as crianças brasileiras têm acesso à escola –, mas a escola brasileira não mudou, ou seja, continua organizada em função da pequena minoria que antes a frequentava. Basicamente, é por isso que as crianças não aprendem e a metade delas acaba deixando a escola. É isso mesmo? Então, o que se deve fazer para adequar a escola à maioria das crianças brasileiras que hoje a frequentam?

Por falar nisso

"Em geral, os que tomam conta das crianças não lhes perdoam nada, mas a si mesmos perdoam tudo." (Fenelon)

"E que é, a meu pensar, para que bem se viva, a escola da experiência a mais educativa." (Molière)

"Não quero que só ele [o professor] invente e fale; quero que escute o discípulo, por sua vez falar." (Montaigne)

"Todos estamos matriculados na escola da vida, onde o mestre é o tempo." (Cora Coralina)

"As crianças começam por gostar dos pais; quando crescem, julgam-nos; às vezes perdoam-lhes." (Oscar Wilde)

"As crianças não têm passado nem futuro e, o que raramente nos acontece, gozam o presente." (La Bruyère)

"Compreendi que a escola não tinha lugar para as curiosidades que estavam na minha cabeça." (Rubem Alves)

"Se a educação sozinha não transforma a sociedade, sem ela, tampouco, a sociedade muda." (Paulo Freire)

BUSCANDO A EFICIÊNCIA

> *O estudante não deve aprender pensamentos; deve aprender a pensar; não devemos transportá-lo e, sim, guiá-lo, se quisermos que futuramente seja capaz de se conduzir por seus próprios meios.* (Kant)

Aprendizagem eficiente, em poucas palavras, significa aprender melhor em menos tempo e esquecer mais devagar ou, mesmo, nunca esquecer.

Neste capítulo são sugeridos alguns procedimentos e técnicas que, quando aplicados, podem aumentar a eficiência da aprendizagem. Não se trata de fórmulas mágicas ou milagrosas, mas de orientações gerais cuja aplicação deve variar de caso para caso.

Sawrey e Telford (1979) apontam oito fatores capazes de contribuir para melhorar o rendimento da aprendizagem: prontidão para aprender, atitude ativa, sentido da aprendizagem, repetições espaçadas, conhecimento do progresso, ensino para a prática, superaprendizagem e aprendizagem livre.

PRONTIDÃO PARA APRENDER

A prontidão compreende três elementos básicos: a *maturação orgânica*, a *experiência anterior* e o *grau de motivação*.

Sobre a maturação do organismo, o professor não dispõe de qualquer controle, pois envolve aspectos que antecedem a entrada da criança na escola, como hereditariedade e alimentação. Quanto à experiência anterior e ao grau de motivação, porém, cabe ao professor um importante papel, no sentido principalmente de adequar o ensino a esses dois elementos.

Maturação orgânica

A maturação envolve aspectos de natureza física, ligados ao crescimento do organismo. Não adianta, por exemplo, querer ensinar alguma coisa à criança cujo organismo não está suficientemente desenvolvido para aquela aprendizagem, antes da hora: cada criança tem a sua própria hora para aprender a andar, a falar, a escrever etc.

O melhor momento para iniciar uma aprendizagem ocorre quando o indivíduo atinge o nível de maturação adequado. E esse momento varia de pessoa para pessoa: observe a seu redor e verá que há crianças que começam a andar mais cedo e outras mais tarde; algumas começam a falar com mais idade do que outras.

Duas conhecidas experiências com gêmeos mostram como a maturação é importante. No primeiro caso, um gêmeo recebeu treinamento para subir escadas a partir de 48 semanas de vida e seu irmão com 54 semanas, portanto, com seis semanas de atraso em relação ao primeiro. Quando completaram 56 semanas, um com 8 semanas de treino e o outro com apenas 2, verificou-se que ambos estavam com o mesmo nível de desempenho.

No segundo estudo, um gêmeo recebeu treino em hábitos de higiene desde muito cedo; seu irmão não recebeu qualquer treino especial. Apesar da diferença de tratamento, quando chegaram aos 18 meses, os dois apresentavam os mesmos hábitos higiênicos.

Experiência anterior

O segundo elemento da prontidão é a experiência anterior do aprendiz. Qualquer matéria só poderá ser aprendida na medida em que se relacionar com a experiência anterior da pessoa que aprende. Essa experiência pode ser de três tipos básicos: experiência específica na matéria, experiência geral na aprendizagem e experiência afetiva.

a) **Experiência específica na matéria.** A criança que não tem experiência em associar objetos ou imagens de objetos a símbolos pode não estar preparada para aprender a ler, mesmo que tenha maturidade física e motivação para isso. Essa experiência anterior diz respeito à sequência lógica da aprendizagem: adição antes da multiplicação, subtração antes da divisão, o fácil antes do difícil, o concreto antes do abstrato, em suma, o avanço passo a passo.

b) **Experiência geral na aprendizagem.** Hábitos adquiridos na aprendizagem, como concentração e práticas de estudo, compõem essa experiência geral. Quanto mais experiência em aprender a pessoa tiver, tanto mais facilmente ela enfrentará novas situações de aprendizagem.

c) **Experiência afetiva.** Muitas vezes, o aluno não aprende em decorrência de experiências afetivas desagradáveis em relação a determinada matéria: o professor mostrou-se agressivo e autoritário, os colegas riram dele quando errou. Em alguns casos, experiências afetivas negativas são muito fortes e persistentes: um aluno que teve problemas com o professor, quando começou a estudar Matemática, pode passar a vida inteira tendo dificuldades em aprender essa disciplina. O inverso também é verdadeiro: um estudante com experiências infantis positivas em relação ao professor de História pode optar por fazer a licenciatura em História e tornar-se professor da matéria.

Grau de motivação

Se não quer aprender, de nada adianta o aluno estar amadurecido e ter experiências anteriores favoráveis: a motivação é básica para a aprendizagem. Portanto, antes do início de qualquer processo de aprendizagem, é preciso ver quais as motivações do aluno e procurar adequar o ensino a elas, ou motivá-lo e despertar o seu interesse pela matéria que está sendo ensinada, como vimos no capítulo "Motivando para aprender".

Atitude ativa

Querer aprender e dedicar-se de forma ativa, intensa e, até certo ponto, agressiva, aumenta em muito o rendimento da aprendizagem. Uma atitude passiva e indiferente é prejudicial: se o aprendiz demora para iniciar o processo de aprendizagem e, uma vez iniciado, dedica-se a ele sem muito interesse e entusiasmo, seus resultados serão pouco satisfatórios.

Faz parte da atitude ativa a *intenção de aprender*. Esta é fundamental, como podemos constatar toda a hora na vida diária: um pastor leu a mesma oração umas dez mil vezes e não conseguia dizê-la de cor; quantas vezes ouvimos a mesma música sem aprendê-la; professores chamam todos os dias a atenção dos alunos e lhes dizem como devem comportar-se na sala de aula, aparentemente sem que suas palavras tenham algum efeito.

Numa pesquisa, um grupo de alunos foi orientado a repetir, cada um para si, uma lista de 13 palavras sem sentido (zeb, zup, vag etc.). Periodicamente, foram examinados para ver se tinham aprendido as sílabas, constatando-se que tinham precisado repetir de 89 a 100 vezes a lista para memorizar todas elas. Outro grupo foi orientado para aprender a lista no menor tempo possível e seus integrantes aprenderam a lista com apenas 9 a 13 repetições. Notável diferença!

Com a intenção de aprender e atitude ativa, o tempo necessário para a aprendizagem é cerca de *dez vezes* menor de quando tais condições não existem. Sawrey e Telford (1979: 324) oferecem algumas sugestões no sentido de favorecer uma atitude ativa em relação à aprendizagem:

a) começar o trabalho prontamente;
b) dedicar-se com afinco durante as horas de trabalho; isso pode exigir muitas vezes esforços curtos com frequentes interrupções;
c) estudar com o firme propósito de aprender e memorizar;
d) estabelecer objetivos possíveis;
e) não perder de vista esses objetivos.

Sentido da aprendizagem

Em relação ao sentido da aprendizagem, podem ser considerados três aspectos mais importantes: a possibilidade de associações, a forma ou organização do material e a utilidade da aprendizagem.

Possibilidade de associações

Quanto mais associações forem feitas em relação a uma matéria a ser aprendida, menor será o tempo de estudo exigido. Vejamos três listas de palavras que permitem graus variáveis de associação e o número de repetições necessário para decorar cada uma delas:

rod	com	mestre
ret	tão	giz
mot	bom	escrever
lem	sol	quadro
sam	por	exame
rop	mas	ler
los	mel	série
mob	tom	passar
oat	ter	reprovar
moc	dor	repetir

Fonte: Sawrey e Telford (1979: 302)

As duas primeiras listas contêm palavras de três letras, que são as mesmas, mas invertidas tanto na palavra quanto na ordem em que estão colocadas. Se para decorar a primeira lista são necessárias de dez a doze repetições, no caso da segunda, bastam três ou quatro. Isso acontece porque na segunda lista, além de as palavras terem sentido em português, pode-se fazer alguma associação entre elas: "com tão bom sol", por exemplo, e essa associação facilita a aprendizagem.

E o que acontece com a terceira lista? Nesse caso, as associações são muito mais numerosas, pois todas as palavras estão relacionadas com o que acontece na escola. Às vezes, uma única leitura pode ser suficiente para aprender a terceira lista!

Organização do material

Há formas de organização do material que facilitam a aprendizagem. Por exemplo, se o estudante descobre que as palavras da primeira lista formam palavras com sentido se tiverem suas letras invertidas, certamente precisará de menos tempo para memorizá-las. Outro exemplo: uma poesia é mais fácil de aprender do que um texto em prosa, pois sua organização permite mais associações, principalmente se apresenta versos com rima.

Uma organização psicológica do material – relacionada ao indivíduo, a seus interesses e objetivos etc. – parece favorecer mais a aprendizagem do que a organização lógica, ou seja, em função da própria matéria e do seu desenvolvimento. Assim, por exemplo, uma organização psicológica da História partiria do presente para o passado; uma organização psicológica da Geografia começaria com o estudo do espaço mais próximo dos alunos, distanciando-se paulatinamente.

Utilidade da aprendizagem

Quando o que se aprende tem uma utilidade prática, aprende-se mais depressa e, enquanto a aprendizagem for utilizada, não será esquecida. Exemplo: contar dinheiro é uma aprendizagem dificilmente esquecida, pois é utilizada seguidamente, assim como tantas outras: tomar banho, falar, caminhar etc.

Sawrey e Telford (1979: 324) sugerem alguns procedimentos práticos no sentido de dar maior significação à aprendizagem, tornando-a mais eficiente:

a) dar sempre o significado das palavras novas;
b) relacionar a matéria nova com a que foi estudada antes e com a que vem a seguir, o que pode ser feito com uma revisão rápida da aula anterior e um esboço dos tópicos seguintes;
c) fazer uma apresentação preliminar de um novo tema antes de um estudo mais detalhado e profundo do mesmo;
d) estimular os alunos a descobrirem a estrutura geral, a organização global e os conceitos e ideias mais importantes da matéria;
e) ensinar os alunos como fazer e utilizar resumos da matéria;
f) incentivar os estudantes a formularem exemplos concretos das regras e princípios gerais;
g) ressaltar as razões da aprendizagem da matéria, evidenciando sua utilidade.

Repetições espaçadas

Pesquisas sobre a aprendizagem e a retenção do material aprendido têm mostrado que as repetições espaçadas, em diferentes períodos de tempo, são mais eficientes do que repetições intensas num mesmo período.

Vejamos um exemplo: 30 textos de história e 30 de economia foram distribuídos a igual número de alunos para que os lessem cinco vezes e depois tentassem reproduzi-los. Metade dos alunos leu os textos cinco vezes no mesmo dia; a outra metade leu os textos uma vez por dia, durante cinco dias. Os pesquisadores fizeram testes com todos os alunos imediatamente após o término das repetições. O grupo que havia lido cinco vezes no mesmo dia reproduziu, em média, 66% dos textos, ao passo que no grupo que havia lido em cinco dias a reprodução chegou à média de 64% do material. Diferença considerada insignificante.

Duas semanas depois, o teste foi repetido e os resultados foram bem diferentes: o grupo das repetições intensas, no mesmo dia, reproduziu apenas 13% do material, ao passo que o grupo das repetições espaçadas reproduziu 47%. Portanto, a conclusão a que chegaram os pesquisadores é que, a longo prazo, as repetições espaçadas são mais eficientes para a aprendizagem.

Na verdade, não podemos esquecer que as repetições, por si mesmas, não produzem aprendizagem. É preciso muito mais que repetições. Em vez de escrever "de repente", Lorenzo escrevia "derrepente". A professora achava que se Lorenzo escrevesse muitas vezes a forma correta acabaria aprendendo. Mandou Lorenzo escrever quinhentas vezes "de repente". Não adiantou! Na semana seguinte, Lorenzo voltou a escrever "derrepente".

Quando as repetições são necessárias, sugerem-se os seguintes procedimentos:

a) manter períodos de trabalho bastante longos para aproveitar o entusiasmo, mas não tanto que provoquem cansaço;
b) após cada período de estudo intenso, dar um intervalo de descanso, antes de entrar no novo assunto;
c) um assunto pode ser introduzido num dia, estudado com mais profundidade no dia seguinte e revisto no terceiro dia, o que pode ser mais eficiente do que começar e terminar o estudo num só dia.

Conhecimento do progresso

Você já pensou no que aconteceria se o jogador de basquete não visse o resultado da bola que lançou ao cesto? E se o jogador de futebol não pudesse ver o resultado do seu chute a gol? Certamente, o jogo nem seria possível, pois os jogadores não saberiam em que direção continuar lançando a bola. Na escola, se o aluno não ficar sabendo do resultado do seu esforço, não saberá em que direção nem como estudar, desanimará e seu rendimento tenderá a cair.

Portanto, o conhecimento dos resultados alcançados é um fator importante para a eficiência da aprendizagem.

Veja os resultados de uma pesquisa realizada com alunos do 7º ano. Foram divididos em dois grupos e passaram a realizar as mesmas atividades, com o mesmo professor, mas com uma diferença: durante os primeiros dez dias, os alunos do primeiro grupo foram informados, todos os dias, dos resultados alcançados no dia anterior, ao passo que os alunos do segundo grupo não receberam informação alguma. Ao final de dez dias, os alunos do primeiro grupo estavam muito mais à frente que os do segundo.

Numa segunda fase, inverteram-se as posições: os alunos do primeiro grupo deixaram de receber os resultados; os do segundo receberam os resultados acumulados dos dez dias anteriores e passaram a receber diariamente o resultado do dia anterior. Depois de mais cinco dias de trabalho, o primeiro grupo não só deixou de progredir, como também regrediu; e o segundo grupo, agora conhecendo diariamente o progresso alcançado, mostrou uma melhora repentina, passando à frente do primeiro.

O conhecimento do progresso atingido não deve depender apenas do professor: o próprio aluno, se for educado para tanto, vai ter condições de autoavaliar-se, assunto que estudaremos no capítulo "Avaliando a aprendizagem".

Ensino para a prática

O que aconteceria se alguém se formasse em medicina sem nunca ter visto um doente? Ou se alguém se formasse em engenharia civil sem nunca ter visto e manipulado materiais de construção? Sabe-se que o ensino será mais eficiente se a situação de aprendizagem for semelhante à situação em que será aplicado o que se aprendeu. Assim, nada melhor que um hospital para a aprendizagem da medicina; nada melhor que uma obra em construção para a aprendizagem da engenharia; nada melhor que um escritório contábil para a aprendizagem da contabilidade etc.

Muitas vezes, o que acontece em nossas escolas não é bem isso. Aprende-se muito em livros, teoricamente, sem a prática: ensinam-se ciências, física, química sem laboratório; jornalismo sem jornal; informática sem computador; formam-se professores sem um contato direto com a população escolar, com as comunidades em que poderão atuar etc.

O resultado é a formação de profissionais que só conseguirão superar as dificuldades aprendendo no próprio trabalho. Se a aprendizagem escolar fosse semelhante à prática, ou ocorresse em situações concretas, seria muito mais eficiente e a porcentagem de esquecimento seria bem menor, como veremos no capítulo "Incorporando a aprendizagem".

Superaprendizagem

Um time que precisa do empate e joga só pelo empate, geralmente, acaba perdendo; um aluno que só estuda para alcançar a média mínima para ser aprovado pode se dar mal e ser reprovado. Ninguém pode se sentir realizado e feliz quando consegue apenas o necessário para sobreviver: viver exige muito mais do que o mínimo indispensável.

Da mesma forma, para que uma aprendizagem seja eficiente e duradoura, é preciso mais do que o mínimo indispensável para o momento, para passar numa prova, para tirar uma nota. É necessário que os tópicos mais importantes da matéria sejam superaprendidos, que o aluno se interesse pelo que está estudando, compreenda sua utilidade e queira aprender.

Aprendizagem livre

A aprendizagem livre é mais eficiente que a mecanicamente orientada. Exemplos: quando alguém aprende a andar de bicicleta, o melhor é montar e sair andando; para aprender a nadar, o melhor é entrar na água e tentar nadar; para aprender a escrever, o melhor é pegar um lápis ou caneta e sair escrevendo etc. Se alguém guiar a bicicleta para o aprendiz, segurar o nadador iniciante, conduzir a mão da criança que aprende a escrever, os resultados serão prejudiciais: a aprendizagem será mais demorada e menos eficiente.

É claro que o ciclista, o nadador e o aluno iniciantes precisam de alguma orientação. Entretanto, trata-se apenas de uma orientação inicial: como se pega no guidão e se pedala, como se movimentam os braços e as pernas, como se segura o lápis etc.

Uma pesquisa realizada numa escola sobre a aprendizagem da escrita mostrou o seguinte resultado: os alunos que aprenderam a escrever as letras copiando-as livremente de modelos aprenderam de forma mais eficiente do que aqueles que aprenderam decalcando as letras em papel transparente. Estes se mostraram mais eficientes em decalcar letras, mas não em escrever de forma independente.

Todas as técnicas sugeridas e os princípios apontados, como já foi dito, não são fórmulas mágicas: podem ou não produzir os resultados positivos esperados. A condição para que sejam eficientes é apenas uma: *o aluno* como sujeito do próprio processo de aprendizagem, de quem depende, em última instância, aprender ou não aprender. O professor e todas as técnicas e recursos são apenas auxiliares e, muitas vezes, podem até atrapalhar. O aprendiz, razão de ser de toda a atividade educativa, é que vai orientar a sua própria aprendizagem.

> Os males da gramática são curados pela gramática, os erros ortográficos, pelos exercícios de ortografia, o medo de ler, pela leitura, o de não entender, pela imersão no texto, e o hábito de não refletir, pelo calmo reforço de uma razão estritamente limitada ao objeto que nos ocupa. Aqui, agora, nesta sala, durante esta hora de aula, enquanto aqui estamos.
> Herdei esta convicção da minha própria escolaridade. Deram-me muita lição de moral, tentaram muitas vezes me chamar à razão, e com boa vontade, porque não faltam pessoas gentis entre os professores. [...]
> Dessa desventura tantas vezes repetida me ficou a convicção de que era preciso falar aos alunos a única linguagem da matéria

que eu lhes ensinava. Medo da gramática? Vamos praticar a gramática. Falta de apetite pela literatura? Leiamos! Porque, ó meus alunos, por mais estranho que isso possa lhes parecer, vocês estão sendo modelados pelas matérias que nós lhes ensinamos. Vocês são a matéria mesmo de todas as nossas matérias. Infelizes na escola? Talvez. Sacudidos pela vida? Alguns, sim. Mas, aos meus olhos, feitos de palavras, todos, como vocês são, tecidos de gramática, repletos de discursos, mesmo os mais silenciosos ou os menos equipados em vocabulário, assustados pelas representações que fazem do mundo, plenos de literatura, em resumo, a cada um de vocês peço que acreditem em mim. (Pennac, 2008: 97-8)

E então, como é que ficamos no que se refere à motivação para aprender as matérias escolares? O professor pode motivar os seus alunos? De que forma? Deve adequar a sua matéria às motivações dos alunos, como parece afirmar Rubem Alves – conforme texto no final do capítulo "Motivando para aprender", comparando o professor à cozinheira – ou deve procurar interessar os estudantes em sua matéria, a partir da própria matéria – levando-os a ler, a praticar a gramática, é que se desperta o seu apetite pela literatura, pela gramática –, como defende Daniel Pennac?

Por falar nisso

"Devemos aprender durante toda a vida, sem imaginar que a sabedoria vem com a velhice." (Platão)

"Aprendi muito com meus mestres, mais com meus companheiros, mais ainda com meus alunos." (Provérbio judaico)

"É sempre bom aprendermos, mesmo com nossos inimigos; raramente bom arriscarmo-nos a instruir, mesmo os nossos amigos." (C. C. Colton)

"A infância tem maneiras de ver, de pensar, de sentir que lhe são próprias: nada é menos sensato do que querer substituí-las pelas nossas." (Rousseau)

"O mestre que não sabe se deixar ultrapassar por um aluno é um mestre ruim." (Georges Gusdorf)

"O professor deve apresentar os conteúdos escolares na forma de questões ou problemas e jamais dar de antemão respostas ou soluções prontas." (John Dewey)

"O ideal da educação não é aprender ao máximo, maximizar os resultados, mas é antes de tudo aprender a aprender; é aprender a se desenvolver e aprender a continuar a se desenvolver depois da escola." (Jean Piaget)

"Não há saber mais, nem saber menos, há saberes diferentes." (Paulo Freire)

APRENDENDO COM LIBERDADE

Liberdade significa responsabilidade. É por isso que tanta gente tem medo dela. (G. B. Shaw)

Ao lado da motivação para aprender, a criação de um *clima de liberdade* na sala de aula é, também, de suma importância para a ocorrência de uma aprendizagem eficiente.

Grande parte das dificuldades que surgem no processo de aprendizagem – alunos distraídos, bagunceiros ou rebeldes, desinteressados, que não conseguem aprender – resulta da falta de liberdade. Ninguém se sente bem quando é obrigado a ler um texto, ouvir uma aula que não lhe interessa, fazer um trabalho que não tem nada a ver com a sua vida, ficar sentado horas seguidas em silêncio. Nessas circunstâncias, o que é feito com má vontade não produz aprendizagem e muito menos realização.

Num clima de liberdade, o aluno motivado a aprender interessa-se pelo que faz, confia em sua própria capacidade, trabalha com mais dedicação, produz mais e consegue alcançar seus objetivos. O trabalho em liberdade gera alegria e satisfação para quem o faz, e resulta em realização pessoal e atitudes positivas em relação aos outros.

Carl Rogers (1902-1987), um dos principais defensores da pedagogia humanista, nasceu em Chicago, Estados Unidos. Teve uma educação religiosa e moral rígida, concomitante a uma infância solitária e de muitas leituras. Formou-se em Psicologia e, após concluir seus estudos, dedicou-se à psicoterapia e ao aconselhamento, trabalhando por muitos anos com crianças em situação de vulnerabilidade. Tornou-se amplamente reconhecido como criador da terapia centrada no cliente e por fazer desse trabalho clínico uma investigação. Primeiro psicólogo a receber os dois maiores prêmios da Associação Americana de Psicologia, em 18 de janeiro de 1987, foi indicado para receber o prêmio Nobel da Paz, mas faleceu no dia 4 do mês seguinte.

No seu livro *Liberdade para aprender* (1972, especialmente capítulos 4 e 5), discute algumas atitudes pessoais e alguns métodos objetivos de que o professor pode lançar mão a fim de promover um clima de liberdade e responsabilidade na sala de aula e, desse modo, facilitar a aprendizagem.

Atitudes pessoais

Autenticidade, apreço, aceitação, confiança e compreensão empática constituem atitudes essenciais para o professor que pretenda promover a aprendizagem com liberdade.

Autenticidade

Professores e alunos são autênticos quando se apresentam como realmente são, sem disfarces, sem máscaras. O professor contribuirá muito para a aprendizagem se for sincero, assumindo os seus sentimentos, mostrando-se irritado quando estiver interessado ou não nos seus alunos numa determinada aula, satisfeito ou insatisfeito com o trabalho deles e com o próprio desempenho docente. Ou seja, uma pessoa real, com sua história, alegrias e tristezas, realizações e frustrações, e não uma mera função burocrática fria e distante.

Rogers cita o exemplo de duas professoras para explicar o que quer dizer quando fala de autenticidade.

O primeiro exemplo é o da professora Sylvia Ashton Warner, de uma escola primária da Nova Zelândia, encarregada de crianças "atrasadas", consideradas preguiçosas para aprender. O que fez essa professora? Deixou que as crianças desenvolvessem por si mesmas o vocabulário para a leitura. Dia a dia, cada criança podia pedir à professora uma palavra – a que quisesse pedir – e ela a escrevia num cartão que depois ficava com o aluno. Beijo, fantasma, bomba, tigre, fogo, amor, papai – eis algumas das palavras pedidas. Em pouco tempo, as crianças estavam redigindo frases, que iam guardando: "ele tomará uma surra", "o gatinho está assustado". As crianças simplesmente nunca se esqueciam dessa aprendizagem autoiniciada. Elas realmente começaram a trabalhar e aprender a partir do momento em que puderam atuar livremente, de acordo com os seus próprios interesses.

O segundo exemplo é o da professora Bárbara Shiel. Colocou material de artes à disposição dos alunos e eles o utilizavam de forma criativa, mas deixavam a sala de aula bastante desarrumada. A professora achava que

> era de enlouquecer o trato com a Bagunça – com B maiúsculo! Ninguém, exceto eu, parecia preocupar-se com isso. Finalmente, certo dia disse às crianças que eu era, por natureza, uma pessoa asseada e organizada e que a confusão da sala vinha desviando a minha atenção. Teriam eles uma solução? Sugeriu-se que alguns voluntários poderiam encarregar-se da faxina... Disse-lhes que não me era agradável ver sempre as mesmas pessoas tratando de arrumar as coisas para os outros – mas seria uma solução para mim. "Bem, alguns de nós gostamos de arrumar", responderam eles. Assim, não havia outro jeito. (1972: 107-8)

Quando o professor é autêntico em relação a seus alunos, manifesta seus sentimentos, mostra-se aberto ao diálogo e às sugestões, chega mais facilmente aos seus objetivos: a aprendizagem dos alunos e a realização pessoal. Os alunos, por sua vez, mostram-se compreensivos em relação aos sentimentos do professor, respeitando-os, sentindo-se valorizados e livres para trabalhar, colaborando para que os objetivos da classe como um todo sejam atingidos.

Apreço, aceitação, confiança

A valorização do estudante como realmente é, e não como o professor gostaria que fosse, envolve três atitudes importantes:

a) **Apreço ao aluno**, a seus sentimentos, opiniões, crenças, maneira de ser, preocupações e problemas.
b) **Aceitação do aluno** como outro indivíduo, com características próprias, diferentes, que podem ou não coincidir com as mais apreciadas pelo professor.
c) **Confiança no aluno**, isto é, convicção de que ele merece crédito, é capaz de aprender, quer aprender e se esforça para tanto.

O professor precisa ter em mente que o aluno é um ser humano comum, com altos e baixos, medos e problemas, aspirações e desejos a realizar. E que nem todos os dias está disposto a ouvir em silêncio, a acompanhar as atividades prescritas. Como todas as pessoas, incluindo o professor, e, ainda mais estando em formação, é um ser imperfeito, erra como todos, mas, também como todos, tem grandes potencialidades a desenvolver. Para isso, precisa de apreço, aceitação e confiança.

Como adultos, muitas vezes, tendemos a ser muito compreensivos em relação a nossos próprios defeitos e falhas, e pouco compreensivos com as imperfeições dos outros, especialmente se forem crianças. Há pais que punem crianças que quebram uma louça ou deixam cair algum objeto, mas, quando fazem o mesmo, apenas se justificam com um sorriso amarelo. Outros brigam com os filhos que falam palavrões, ao mesmo tempo que os "soltam" sem freios na língua.

O aluno que se sente aceito e merecedor da confiança do professor manifesta entusiasmo e interesse na realização das atividades escolares, tornando-se responsável diante delas, como atesta o seguinte depoimento prestado a mim:

> O curso anterior foi uma luta. Nos dias de aula, eu já levantava da cama de mau humor, só em pensar nos absurdos que ia ouvir durante a aula, e esta opinião não é somente minha. Mas neste curso tudo se modificou. A *liberdade* e o *bom humor* que você nos transmite faz com que tenhamos, ao menos no meu caso, vergonha de vir à aula sem ter estudado a matéria, pois considero que o que é dado com consciência deve ser retribuído com consciência também.

Compreensão empática

Ter compreensão empática significa ser capaz de entender as reações íntimas de outra pessoa, a maneira como essa pessoa se sente em relação aos fatos, colocar-se no lugar dela. Para o professor significa a capacidade de compreender a cada momento como o aluno vê e sente o processo de aprendizagem, a escola, os colegas, o professor, o diretor. Assim, compreendido, e não apenas avaliado e julgado, o aluno pode sentir-se livre e entusiasmado em sua atividade escolar.

Rogers cita um exemplo de como uma professora foi capaz de compreender as reações íntimas de um menino do 2º ano:

Jay, de sete anos de idade, era agressivo, turbulento, preguiçoso para falar e para aprender. Por conta de suas diabruras, foi levado ao diretor que o castigou, sem o conhecimento da professora. Durante um período de trabalho livre, Jay fez um boneco de barro, com todo o cuidado, pôs-lhe um chapéu na cabeça e um lenço no bolso. "Quem é este", perguntou a professora. "Não sei", retrucou o menino. "Parece-se com o diretor. Ele usa um lenço no bolso igual a esse". Jay olhou com raiva para o boneco: "Sim", disse. E começou a esmigalhar-lhe a cabeça, observando-o e sorrindo. A professora disse: "Você sente como se estivesse torcendo o pescoço dele, não é? Você está furioso com ele". Jay arrancou um braço do boneco, depois o outro, depois bateu nele com a mão fechada, até reduzi-lo a uma massa disforme. Outro garoto, com sua percepção de criança, explicou: "Jay está furioso com o diretor, porque levou um castigo dele, agora à tarde". "Então agora você vai sentir-se muito melhor, não é?" comentou a professora. Jay deu um sorriso largo e começou a "reconstruir" o diretor. (1972: 112).

As atitudes até aqui analisadas e exemplificadas não são receitas que bastam memorizar para aplicar e colher bons resultados. Só podem ser desenvolvidas na prática do dia a dia, em contato com os alunos. Para tanto, torna-se necessário ter confiança nas potencialidades de todo o ser humano – "um ensaio único e precioso da Natureza", segundo Hermann Hesse (1968: 5) – e em sua capacidade para aprender.

> Em abril do ano passado, doze crianças foram assassinadas na Escola Municipal Tasso da Silveira, no Rio de Janeiro, por um ex-aluno da própria escola. Num dos colégios em que leciona em São Paulo, a professora de Língua Portuguesa Carlyne Paiva recebeu o pedido da coordenadora pedagógica para abordar o tema com os alunos. "Estavam todos muito abala-

dos, se perguntando se aquilo poderia acontecer na escola deles também", conta.

[...] pediu aos alunos que falassem sobre o que estavam sentindo. As próprias crianças propuseram fazer um minuto de silêncio em homenagem às vítimas, reunir-se numa roda de orações (da qual só participou quem quis) e enviar cartas de apoio aos colegas do Rio. "A gente tem que legitimar a dor do enlutado em sala de aula e ouvir o sentimento do aluno", defende a professora.

Poucas semanas depois, a própria Carlyne experimentou o luto, com a perda da mãe. Foi então que seus alunos do sexto ano (crianças de 10, 11 anos) proporcionaram o acolhimento à sua dor: entregaram-lhe cartas e cartões com mensagens do tipo "pera aí, você ainda tem a gente pra cuidar!"; deram-lhe um banner com a foto da turma e fizeram ainda uma festinha em sala de aula porque não queriam ver a professora triste. "Adultos não fariam isso. Os abraços de muitos adultos foram uma formalidade, mas aquilo que as crianças fizeram veio do coração. Foi o melhor presente que alguém já me deu", diz Carlyne. [...]

A escola, argumenta, não pode ocupar-se apenas dos aspectos cognitivos e deixar de lado os emocionais – até porque muitas dificuldades de aprendizagem não estão ligadas exclusivamente ao cognitivo." (Hebmüller, 2012: 4)

Considerando nossas próprias experiências escolares, podemos afirmar que nossas emoções foram adequadamente tratadas dentro e fora da sala de aula? Ou sequer foram consideradas? Pode-se afirmar que atualmente a situação evoluiu, que há maior preocupação em promover o desenvolvimento integral do aluno, envolvendo os aspectos cognitivo, emocional, corporal etc.?

Caminhos da liberdade

Partindo da sua própria experiência e de experiências de outros educadores, Rogers apresenta alguns meios que contribuem para estabelecer um clima de liberdade na sala de aula: partir da realidade do aluno, providenciar recursos, trabalhar com contratos, trabalhar em grupo, orientar a pesquisa, promover simulações e utilizar autoavaliação.

A experiência de cada professor também pode tornar-se fonte de outros recursos e caminhos.

Partir da realidade do aluno

O aluno aprende mais facilmente quando enfrenta problemas que tenham significado real para ele. Como qualquer pessoa, ele é naturalmente curioso, quer saber sempre mais, conhecer o mundo em que vive. Se a escola propuser atividades que se relacionem com essa sua curiosidade natural, com esse seu desejo de saber, ele vai interessar-se e entusiasmar-se com a tarefa sugerida.

O trabalho do professor torna-se mais fácil na medida em que ele puder obter dos alunos informações sobre seus problemas e temas favoritos. Se puderem falar e discutir, o que lhes interessa virá à tona e, a partir desses dados, as atividades escolares poderão ser organizadas e desenvolvidas. Uma partida de futebol ou de basquete, uma briga, um acidente, um filme, o salário baixo, o custo de vida alto, as dificuldades do estudo à noite, alcoolismo em família, um assalto, um buraco na rua, a chuva e a enchente, a miséria de muitos, o namoro, a amizade, o amor, são apenas alguns assuntos que costumam interessar aos alunos e podem ser o ponto de partida para aulas de História, Geografia, Matemática, Ciências, Música e outras matérias.

Quando o ensino parte dos problemas reais dos alunos, certamente vai ter efeitos sobre o seu comportamento, vai refletir-se em sua prática diária. Veja esses depoimentos a mim prestados:

> Não sei se foi pelas aulas expositivas do mestre ou pelas leituras que fiz dos livros indicados, mas houve uma modificação em mim, em termos de relacionamento com as pessoas, de pensar mais em função do próximo.

* * *

> Este curso foi importante para mim. Não é só por dizer, não, mas foi o que realmente senti. Por incrível que pareça, não tinha parado para pensar no tipo de ensino que tive até hoje. Sempre atribuí as minhas falhas a mim mesmo, sem pensar que talvez o tipo de sistema educacional pudesse ter influenciado.

Providenciar recursos

Em qualquer curso baseado na liberdade dos alunos, mais do que transmitir conhecimentos prontos e acabados, o professor coloca recursos à disposição deles. O equipamento de sala de aula não pode limitar-se a carteiras, lousa e giz. Livros para consulta, cartazes, mapas, quadros, objetos, computador, quando possível, etc. devem fazer parte do ambiente de trabalho.

Deve-se pensar também em recursos humanos. Por exemplo, pessoas de fora da escola podem ser convidadas para darem a sua contribuição no estudo de algum assunto sobre o qual entendam. O próprio professor deve ser um recurso sempre disponível: é muito mais útil o trabalho do professor quando responde a perguntas ou trata de assuntos do interesse dos alunos do que quando dá uma aula expositiva sobre um assunto sobre o qual o interesse dos *estudantes não existe*.

Promoções artísticas e culturais, como exposições, apresentações de teatro, cinema, circo, música, dança etc., constituem outros tantos recursos a serem utilizados para uma aprendizagem mais interessante.

Trabalhar com contratos

Professor e alunos podem combinar periodicamente o trabalho de cada período, dia, semana, mês. O que for combinado pode ser colocado por escrito, em forma de contrato de trabalho. Dessa forma, o aluno assume a responsabilidade de executar determinadas atividades para atingir os objetivos estabelecidos.

A vantagem do uso de contratos é que tanto os objetivos quanto as atividades para atingi-los são estabelecidos de comum acordo. Cada aluno assume um compromisso pessoal, que envolve responsabilidade. No final do período, os resultados alcançados servem de base para a efetivação do próximo contrato.

Trabalhar em grupo

Como já vimos, a aprendizagem resultante de uma atividade em grupo parece ser muito eficiente e duradoura, talvez porque qualquer conclusão extraída de uma discussão em grupo decorre do confronto de pontos de vista, de apresentação de argumentos. No trabalho em grupo, o aluno sente que participa da elaboração do conhecimento, que é uma pessoa que atua, que age, e não alguém que recebe passivamente o conhecimento transmitido pelo professor.

O clima de liberdade promovido e estimulado pelo grupo deve também permitir que os alunos possam optar por outra forma de adquirir conhecimentos, se o desejarem. Podem ler, ouvir o professor, pesquisar na biblioteca ou na internet, consultar outras pessoas etc. Deve-se respeitar a liberdade de todos, desde que isso não signifique prejuízo para os outros, nem irresponsabilidade de nada fazer.

A experiência mostra que é muito difícil que um aluno nada queira fazer. Isso só costuma acontecer no início de qualquer novo processo de aprendizagem com novos métodos, quando o aluno não está ainda habituado a trabalhar livremente.

Orientar a pesquisa

A ciência não é a verdade absoluta. O que é considerado verdadeiro hoje, pode mudar daqui a algum tempo, como resultado de novas pesquisas e experimentos. Para o estudante, é fundamental que desenvolva o interesse pela pesquisa, habituando-se a buscar o conhecimento por si próprio e em grupo com seus colegas e o professor. A este cabe orientar os alunos nesse sentido, podendo repetir, por exemplo, conforme o caso, experimentos que levaram aos saberes ou teorias estudados; essa é uma das formas de favorecer a aprendizagem por descoberta.

Promover simulações

A simulação, consistindo na representação de uma dada realidade, também pode promover a aprendizagem num clima de liberdade. Por exemplo, ao estudar o sistema de eleições diretas, monta-se esse sistema na sala de aula; ao estudar uma forma de governo, simula-se esse governo; num curso de formação de professores, faz-se de conta que a classe é formada por alunos de um determinado ano do ensino fundamental, revezando-se alguns estudantes em ministrar aulas etc.

A simulação permite que os alunos vivenciem na sala de aula situações da vida real, sentindo as responsabilidades correspondentes a essas situações: alguém que representa o papel de presidente da República, de professor, de eleitor, terá melhores condições de assimilar conhecimentos referentes a essas funções.

Utilizar autoavaliação

A avaliação do conhecimento adquirido feita pelo próprio aluno é um dos meios mais eficientes de promover a aprendizagem com liberdade e responsabilidade. O aluno estabelece em conjunto com o professor os objetivos a atingir e, no decorrer do processo, avalia constantemente o grau em que se aproxima desses objetivos. A autoavaliação realiza-se com a colaboração do professor, que fornece ao aluno informações regulares sobre o seu progresso.

Rogers (1972: 143) conclui mencionando o que procura evitar o professor que quer criar um clima de liberdade para aprender.

> [Ele] não estabelece deveres de casa, não determina leitura, não dá aulas expositivas, a menos que seja solicitado. Também não faz avaliações ou críticas, a menos que o aluno deseje um julgamento sobre algum trabalho, não dá provas obrigatórias, não se responsabiliza sozinho, pelas notas.

Em suma, o professor não será um mero instrutor, mas oferecerá a seus alunos oportunidades para que aprendam de maneira livre e responsável. Mais do que aprender conteúdos acabados, os alunos aprenderão a aprender.

> A criança modelada, condicionada, disciplinada, reprimida, a criança sem liberdade, cujo nome é Legião, vive em todos os recantos do mundo. Vive em nossa cidade, ali mesmo do outro lado da rua. Senta-se numa carteira monótona de monótona escola, e mais tarde senta-se numa escrivaninha ainda mais

monótona de um escritório, ou na bancada de uma fábrica. É dócil, disposta a obedecer à autoridade, medrosa da crítica, e quase fanática em seu desejo de ser normal, convencional e correta. Aceita o que lhe ensinarem quase sem indagações, e transmite aos filhos seus complexos, medos e frustrações. [...] A civilização está doente e infeliz, e eu afirmo que a raiz de tal estado pode ser encontrada na família destituída de liberdade. As crianças tornam-se endurecidas por todas as forças da reação e do ódio, endurecidas desde os dias em que estavam num berço. São treinadas para dizerem *não* à vida, porque suas jovens vidas são um longo *não*. Não faça barulho! Não se masturbe! Não minta! Não roube! (Neill, 1968: 89 e 95)

E, quanto ao referido na citação anterior, como anda a nossa educação, de um modo geral? Trata-se de uma educação negativa, baseada em proibições, controles, repressões? Ou é uma educação propositiva, afirmativa, fundada em estímulos à criação, ao desenvolvimento autônomo? Claro que cada escola constitui um caso particular e há muitas diferenças entre um estabelecimento e outro. Mas há uma política nacional de educação, com leis, portarias, normas etc. Como tal política pode ser definida em termos de liberdade e autonomia dos estudantes?

Por falar nisso

"Sem liberdade a vida não vale a pena de ser vivida." (Gregorio Marañon)

"Mas liberdade – aposto – ainda é só alegria de um pobre caminhozinho, no dentro do ferro de grandes prisões. [...] o beco para a liberdade se fazer." (Guimarães Rosa)

"A liberdade pertence aos que a conquistaram." (Malraux)

"Se dermos valor à independência, se nos sentirmos incomodados pela crescente conformidade dos conhecimentos, dos valores e das atitudes a que o nosso sistema conduz, então talvez queiramos estabelecer condições de aprendizagem que favoreçam a originalidade, a autonomia e o espírito de autoiniciativa na aquisição da aprendizagem." (Rogers)

"'Conhece-te a ti mesmo' é toda a ciência. – Apenas no final do conhecimento de todas as coisas o homem terá conhecido a si mesmo. Pois as coisas são apenas as fronteiras do homem." (Nietzsche)

"O que é a tolerância? Trata-se de uma prerrogativa da humanidade. Estamos todos imersos em erros e fraquezas: perdoemo-nos reciprocamente as nossas tolices, eis a primeira lei da natureza." (Voltaire)

"Só de fato por milagre é que os modernos métodos de ensino ainda não liquidaram inteiramente a sagrada curiosidade da pesquisa; pois essa delicada plantazinha, além de certa estimulação, necessita, sobretudo, de liberdade; sem esta, estiola-se e morre fatalmente." (Albert Einstein)

CRIANDO E APRENDENDO

> *Se quisermos progredir, não devemos repetir a história.*
> *Mas fazer uma nova história.* (Gandhi)

Até que ponto a atual organização da educação escolar favorece a aprendizagem criativa? Manter as crianças sentadas durante três ou quatro horas diárias, ouvindo o professor ou copiando o que ele escreve na lousa, longe de promover a criatividade, estimula o conformismo, a passividade, a imitação do que os outros fazem.

Antes de apresentar sugestões para desenvolver a *criatividade na escola*, vamos analisar três pontos preliminares – 1) *o que é criatividade?*, 2) *fases da criatividade* e 3) *obstáculos à criatividade na escola* – inspirados no livro *Arte e ciência da criatividade*, de George F. Kneller.

O QUE É CRIATIVIDADE?

A primeira característica da criatividade, e talvez a mais importante, é o seu caráter de *novidade*. Uma ideia, um objeto, um comportamento são criativos na medida em que são novos, em relação à pessoa que cria ou ao conhecimento existente naquele momento.

Se uma criança, por exemplo, brincando com uma caixa de fósforos, consegue acender um palito e descobre que o fogo queima, está descobrindo algo de novo para ela, embora para os adultos isso não seja novidade.

O ato criador é aquele que foge aos moldes do costume, que se distingue do conhecimento existente, que acrescenta algo ao estágio cultural, científico ou artístico da humanidade. No campo da ciência, por exemplo, podemos pensar na teoria heliocêntrica de Copérnico, na teoria da evolução de Darwin, na teoria da gravitação universal de Newton, na teoria da relatividade de Einstein etc. A roda, a fundição dos metais, a escrita, a imprensa, a energia a vapor, a eletricidade, o computador e todos os modernos meios de comunicação etc. constituem criações que fizeram a humanidade avançar.

Entretanto, a novidade criadora constitui, em grande parte, um *remanejamento* de um conhecimento já existente. Copérnico, Newton, Darwin, Einstein e todos os outros cientistas criadores desenvolveram seus trabalhos dando continuidade a pesquisas anteriormente realizadas por eles próprios ou por outros pesquisadores.

Ao contrário do não criador, que é mais cauteloso, metódico, organizado e conservador, o pensamento criador caracteriza-se por ser exploratório, aventurar-se, buscar o desconhecido, o que envolve, muitas vezes, incerteza, risco e, até, incompreensão e condenação: Copérnico foi acusado de blasfemo, Galileu quase foi queimado vivo, Darwin foi perseguido pelo clero.

A criatividade pode manifestar-se em todos os campos, assim como todas as pessoas podem ser criativas, em maior ou menor grau: o cientista que procura uma nova forma de energia; a mãe que inova na educação dos filhos; o professor que experimenta novas formas de ensinar; o aluno que inventa novas maneiras de aprender mais facilmente matemática; o motorista que descobre um novo caminho para fugir do congestionamento; o cozinheiro que cria novas receitas culinárias; o compositor que compõe uma nova música etc. são apenas alguns entre tantos exemplos de criatividade nas mais variadas situações da vida cotidiana.

Fases da criatividade

Embora o processo criador seja único e complexo, para fins de estudo podemos falar em cinco etapas: primeira apreensão, preparação, incubação, iluminação e verificação.

Primeira apreensão

O momento criativo geralmente acontece após um percurso prévio, que envolve muito trabalho e esforço, e não de um momento para outro, como num passe de mágica.

O primeiro passo desse trabalho é o surgimento de uma ideia ou a identificação de um problema a ser resolvido, o que pode acontecer nas mais diversas situações: um sonho, uma conversa, um incidente, uma notícia, uma briga, um fato pitoresco, um fenômeno da natureza etc.

Vejamos um exemplo: o professor pede aos alunos que escrevam um conto sobre um tema de livre escolha. Você já pensou muito, conversou com os colegas, com seus pais, até leu alguns contos, mas nada de conseguir alguma ideia, por mais pobre que seja. Certo dia, você está pensando no amor e observa, pela janela, as nuvens em movimento no céu. Então, pensa: que tal um conto sobre as nuvens, suas andanças, seus choques, a chuva? Na verdade, é uma ideia, nada mais que uma ideia. Entretanto, uma ideia que pode tornar-se um conto ou, até mesmo, desdobrar-se num romance.

Preparação

De uma simples ideia à realização final de um conto ou romance, há muito trabalho pela frente! Sobre nuvens, você sabe alguma coisa que estudou em Geografia, mas muito menos do que seria necessário para escrever um conto. Então, é preciso buscar mais informações: como se formam as nuvens? Quais os seus tipos? Como e por que se movimentam? Como se forma a chuva? Já existem contos sobre as nuvens? Como encontrar esses contos? Pois bem, a busca de respostas para essas e muitas outras perguntas constitui a segunda fase do ato criador: a preparação.

A preparação consiste num trabalho sistemático de coleta de informações relacionadas à ideia original. Convém organizar os dados de tal forma que possam ser utilizados quando necessário: organizar um fichário, anotar as observações num caderno, gravar entrevistas etc. A observação é outro procedimento importante da preparação: observar as nuvens, seus movimentos, suas cores e formas etc.

Antes de começar a escrever o conto, é necessário que você trabalhe muito o assunto, pensando nas possibilidades de desenvolvimento das ideias: brigas, cenas de ciúme, encontros amigáveis, armação de um temporal, céu sem nuvens, nuvens e vento e por aí afora.

Incubação

A preparação é trabalho consciente. Já a incubação é inconsciente. Períodos de preparação e incubação podem alternar-se no mesmo ato criador.

A incubação é aquela fase em que você deixa de lado as informações coletadas, dedica-se a outras atividades, parece esquecer o conto. O inconsciente vai realizando associações, organizando ideias, trabalhando sobre as questões levantadas, sobre a maneira de escrever o conto a partir dos dados disponíveis.

Durante o período de incubação você pode sentir-se desanimado. Tem os dados, trabalhou com eles e não consegue escrever uma linha sequer. Tenta inúmeras vezes e nada! Assim é que um escritor pode escrever neste ano um romance que vem "amadurecendo" há sete, oito ou mais anos; um poeta fica, às vezes, meses e meses rabiscando versos soltos; um compositor pode ficar muito tempo dedilhando as cordas do violão sem nada conseguir. O pintor Van Gogh (apud Piletti, 2001: 108) assim se referiu a essa situação: "o homem [...] cujo coração é devorado por uma angústia de trabalho, mas que nada faz porque lhe é impossível fazer algo, porque ele se acha como aprisionado em alguma coisa".

O problema é que tarefas escolares têm prazo para serem entregues. Muitas vezes, para que o aluno possa fazer um trabalho criativo necessita de mais tempo do que o previamente determinado. Cabe ao professor avaliar cada caso, objetivando a realização de trabalhos que realmente contribuam para o desenvolvimento dos estudantes.

Iluminação

É o momento culminante do processo criativo, quando, subitamente, aparece a solução do problema, muitas vezes chamada inspiração: Newton, depois de muitos anos de trabalho, formulou a lei da gravidade em seu jardim, ao ver uma maçã cair da planta; Darwin, depois de muito tempo coletando dados e trabalhando com eles, encontrou a solução para a teoria da evolução quando estava andando de carruagem em determinado ponto da estrada.

Em nosso exemplo, você pode, em determinado momento, chegar ao enredo do seu conto: uma nuvem, após sobrepor-se às demais, consegue um poder absoluto no céu, mantendo as outras sob um poder feroz, apesar das tentativas de revolta, por exemplo.

Na verdade, como a iluminação resulta de um trabalho do inconsciente, ou seja, da incubação, não se pode prever o momento em que vai aparecer, nem provocá-la diretamente. É possível, entretanto, criar condições favoráveis a seu surgimento, que podem ser variadas como, por exemplo, um ambiente silencioso e bem iluminado, o hábito de escrever de madrugada, dar longas caminhadas, permanecer no escuro, e assim por diante, dependendo de cada indivíduo e do tipo de trabalho criativo que está realizando.

Verificação

Última etapa do processo, quando o criador tenta dar a forma final à inspiração que teve. Você vai colocar o conto no papel. Pode conseguir fazê-lo ou não. Caso não consiga, convém abandonar a primeira apreensão e procurar uma nova ideia, recomeçando o processo. Se conseguir, o conto pode abrir pistas para novos contos, ou mesmo para um romance.

Muitas vezes, dependendo da obra em construção, após o momento de iluminação ou inspiração, a verificação pode demorar anos. Newton e Darwin, por exemplo, levaram anos elaborando e revendo as suas teorias.

Na prática, essas diversas etapas do processo criativo nem sempre aparecem tão claramente como foram aqui descritas. Geralmente, a pessoa desenvolve o seu processo criador sem pensar nas distintas fases, embora elas estejam ocorrendo.

Os estudiosos da criatividade parecem concordar em que há algumas condições que favorecem a criação em qualquer campo: receptividade às novas ideias, dedicação total ao trabalho, estímulo à imaginação, questionamento constante a respeito de fatos sobre os quais parece não haver dúvidas.

Obstáculos à criatividade na escola

De um modo geral, na educação infantil, a diminuição do tempo reservado ao brinquedo e à imaginação prejudica a manifestação da criatividade. A fantasia é um fator importante de desenvolvimento da criança e deve ser estimulada e não reprimida.

No ensino fundamental, a disciplina e a ordem exageradas podem constituir-se em obstáculos à criatividade, pois tendem a inibir a iniciativa individual e a espontaneidade. Outro obstáculo pode ser a importância excessiva atribuída à distinção entre os sexos, de acordo com estereótipos que separam tarefas masculinas e femininas.

Em relação ao ensino médio, são fatores que podem prejudicar a aprendizagem a valorização exacerbada das profissões convencionais, em prejuízo das artísticas, por exemplo, assim como o excesso de exigências formais na apresentação dos trabalhos.

No ensino superior, o prejuízo à criatividade pode advir da prioridade atribuída à aquisição de conhecimentos já acumulados, de currículos rigorosos, da obrigatoriedade de leituras etc.

Educação criativa

A escola, em geral, e o professor, em particular, podem estimular o educando a desenvolver a sua criatividade. E como podem fazer isso? Promovendo a originalidade, a inventividade, a curiosidade e a pesquisa, a autodireção e a percepção sensorial.

Originalidade

O aluno pode ser estimulado a manifestar ideias originais, diferentes das produzidas pelos colegas. O que acontece, muitas vezes, nas escolas é que há uma exagerada preocupação com o certo e o errado, esquecendo-se de que o erro é um dos caminhos para se chegar ao acerto. Em vez de dizer que uma ideia de um aluno está errada, é mais educativo interessar-se pela origem de tal ideia e por seus desdobramentos.

Para o aluno que produziu um trabalho, mais do que a reprovação com um julgamento rigoroso, é o interesse do professor pelo que ele fez que o estimula a progredir. É muito importante valorizar o trabalho do aluno, mesmo que ainda não tenha conseguido alcançar os objetivos estabelecidos. Evidentemente, isso não significa que o mestre deva atribuir ao trabalho qualidades que ele não tem, mas apenas que ele deve valorizá-lo como a expressão de um ser em desenvolvimento, que produziu algo original, diferente do feito pelos outros.

Vários exercícios são indicados para estimular a originalidade, como torneios de ideias, de soluções para um problema, de usos para um objeto etc. Convém que o professor perceba em todas as ideias, mesmo as mais fantasiosas ou estapafúrdias, algum aspecto positivo.

Inventividade

Se a originalidade se refere ao fato de uma ideia ser incomum, diferente, a inventividade envolve a fluência, a maior quantidade de ideias. Os alunos podem ser estimulados a expressarem o maior número possível de ideias, como respostas a problemas reais a serem resolvidos: como arrumar a sala de aula? Como pintar as paredes? Como organizar um trabalho? Como avaliar os trabalhos dos alunos? Como organizar uma festa, um passeio?

Pode-se, ainda, provocar os alunos para que pensem e formulem ideias, pedindo-lhes um plano de sobrevivência no deserto, com apenas alguns objetos; o maior número possível de usos do fogo;

o que se pode fazer com um tijolo; uma listagem do maior número possível de objetos vermelhos, a ser feita em poucos minutos etc.

Além disso, é importante que o aluno seja estimulado a valorizar suas ideias. Anotando-as num caderno especial, relendo-as e acrescentando outras periodicamente, aumentará sua autoconfiança, atitude indispensável à aprendizagem.

Curiosidade e pesquisa

Aguçar a curiosidade, intrigar-se com aquilo que os outros aceitam como normal, indiscutível, pensar em alternativas para o que está acontecendo, são outras formas de estimular a criatividade. Em vez de transmitir informações, o professor pode indicar pistas.

O treino para sustentar os próprios pontos de vista também favorece a criatividade. Por exemplo, num debate sobre qualquer assunto, como um trabalho escolar, esporte, política, situação do país, da comunidade etc., o aluno pode ser estimulado a argumentar em defesa da sua opinião, da pesquisa que fez para desenvolvê-la, para sustentar as suas ideias e assim por diante.

Autodireção

Ter iniciativa é fundamental para a aprendizagem criativa. O aluno totalmente dependente do professor, sem iniciativa própria, dificilmente poderá ser considerado criativo.

Ao lado do que é essencial em cada matéria, há uma série de pontos que podem ficar à livre escolha dos alunos, cada um dos quais poderá estudar o aspecto que mais chamar a sua atenção, desenvolver o trabalho da maneira que achar melhor etc. Mesmo os temas estudados por todos podem ser aprendidos de maneiras diferentes por vários grupos de alunos, em função de seus próprios interesses e aptidões.

Percepção sensorial

A capacidade de sentir, de perceber as coisas que acontecem na escola, em casa, na rua, na comunidade, no mundo, é outra característica importante no desenvolvimento da criatividade. Para tanto, os alunos podem ser incentivados a ler jornais, discutir as notícias, trocar ideias sobre filmes que todos viram, sobre programas de televisão, sites de internet, a realidade do bairro, da cidade etc.

Outro tipo de treinamento da percepção sensorial consiste em solicitar aos estudantes que observem, anotando o maior número possível de detalhes, qualquer acontecimento ou paisagem durante um fim de semana. Na segunda-feira, cada aluno pode relatar o que observou, constituindo-se a diferença entre as várias observações um estímulo para o aprimoramento da capacidade de percepção.

No trabalho educativo, além de criar condições para a aquisição de novos conhecimentos, também é importante orientar os alunos no sentido de organizar, sistematizar as percepções e conhecimentos que já possuem.

Pensemos um pouco nas palavras utilizadas por Kneller para definir o estudante criativo:

> Muitas vezes é menos estudioso e ordeiro, mais interessado em suas próprias ideias do que em seu trabalho. Vendo as coisas diferentemente dos outros, tende a dar-se pior com seus companheiros, o que torna mais difícil ao mestre controlá-lo. Manifesta propensão para isolar-se e ser excessivamente crítico em relação aos demais. É ainda capaz de procurar tarefas difíceis, que frequentemente combinam diversas áreas do conhecimento. Muitas vezes pensa de maneira não convencional e infringe as regras. Tende a envolver-se profundamente em seus encargos e a ressentir-se por ter de quebrar o fluxo de suas ideias para mudar de assunto, simplesmente porque assim

determina o horário. Quando interessado, trabalha sob grande tensão nervosa, maior que a dos outros alunos, o que o torna impertinente e irritável. Sua tentativa e suas ideias espontâneas são frequentemente mais difíceis de avaliar do que o trabalho menos original, porém mais acabado, dos estudantes menos criativos. Muitas vezes, é desleixado e precipitado, mais atento às ideias do que à aparência, e menos preocupado em receber a aprovação do professor. (1968: 87)

Pode-se afirmar que existem estudantes com tais características em nossas escolas? Ou, ao menos, com grande parte delas? E, se existem, como são tratados? São valorizados, estimulados a avançar e encontram oportunidades para tanto? Ou são discriminados, enquadrados no grupo, forçados a viver de modo "normal"? De que modo a escola poderia mudar para favorecer mais a educação criativa?

Por falar nisso

"Não tenho um caminho novo. O que tenho de novo é o jeito de caminhar." (Thiago de Melo)

"A formulação de problemas é muitas vezes mais importante que a sua solução." (Einstein)

"A arte de pensar é a arte de fazer perguntas inteligentes." (Rubem Alves)

"Criar é matar a morte." (Romain Roland)

"É importante que os mestres proponham às crianças materiais, situações e ocasiões que as façam progredir." (Jean Piaget)

"A principal meta da educação é criar homens que sejam capazes de fazer coisas novas, não simplesmente repetir o que outras gerações já fizeram. Homens que sejam criadores, inventores, descobridores.

A segunda meta da educação é criar mentes que estejam em condições de criticar, verificar e não aceitar o que a elas se propõe." (Jean Piaget)

"Num mundo em que a diferença será pelo talento, criatividade e capacidade de reinventar-se, a educação pela 'decoreba' está com os dias contados." (W. Ludwig)

"O raciocínio lógico leva você de 'a' para 'b'. A imaginação leva você a qualquer lugar." (Einstein)

"O melhor é deixar que a mente siga seus próprios conselhos e ensinamentos, suas próprias intuições. Toda regra de que o discípulo não possa se afastar é uma grande barreira." (Aldo Bonadei)

APRENDENDO COM OS AMIGOS

> *Vosso amigo é a satisfação de vossas necessidades./ Ele é o campo que semeais com carinho e ceifais com agradecimento./É vossa mesa e vossa lareira./Pois ides a ele com vossa fome e o procurais em busca de paz.*
> (Gibran Khalil Gibran)

Você já viveu a experiência de estar completamente só, sem ninguém a seu lado? Ou já se sentiu isolado e rejeitado dentro do grupo? Tais experiências criam uma sensação de vazio, de impotência, de insignificância, cujas marcas, às vezes, perduram por toda a vida. Sentimo-nos, por assim dizer, incompletos, como se nos estivesse faltando alguma coisa para nos reconhecermos como seres humanos.

Aprendemos com os outros, que *fazem parte de nós*, do nosso ser, da nossa vida, sem os outros simplesmente não vivemos. Desde que nascemos, aprendemos a viver com outras pessoas: o bebê e a criança ficam bastante perturbados quando se veem sozinhos, sem uma pessoa adulta por perto. Na medida em que se desenvolve, a criança vai formando o seu *autoconceito*, a partir das atitudes dos outros em relação a ela. Se confiam nela e a acham capaz e simpática, vai aumentando a sua autoconfiança e vai se achando capaz e simpática. Aprendemos a nos conhecer com as pessoas que conosco convivem; os outros são como um espelho que reflete a nossa imagem.

Entretanto, nosso autoconceito vai se modificando ao longo da vida. Por um lado, com o avanço da idade, tendemos a substituir as avaliações dos nossos pais e de outros adultos, como os professores, a nosso respeito pelos julgamentos de nossos companheiros. Por outro lado, ao mesmo tempo que nossos companheiros modificam as avaliações que fazem a nosso respeito, também aprendemos a confrontar as avaliações de uns com as de outros, e todas com nossas próprias percepções de nós mesmos. Na verdade, só aos 30 ou 40 anos é que chegamos a um autoconceito equilibrado entre o que os outros pensam e o que nós pensamos a nosso respeito.

A importância dos outros para nós funda-se em *razões práticas e psicológicas*. Na prática, ninguém consegue sobreviver sem os outros: precisamos de quem faça nossas roupas, construa nossa casa, providencie nosso transporte etc. Em termos psicológicos, sentimos necessidade de receber atenção, de pertencer a um grupo, de ser aceitos e compreendidos e assim por diante. A satisfação dessas necessidades depende inteiramente dos outros.

À medida que vai amadurecendo, embora sempre necessitando dos outros, espera-se que cada pessoa evolua *da dependência para a independência*, tornando-se responsável pelos seus atos. Mesmo levando em consideração as opiniões e pontos de vista dos demais, deve tornar-se capaz de tomar suas próprias decisões, escolher por si mesma o que vai fazer de sua vida.

Independência, portanto, não significa viver só, ser autossuficiente, não precisar dos outros, mas, decidir por si, fazer suas próprias escolhas, ter espírito crítico a respeito de tudo e de todos. Nesse sentido, a superproteção e a ansiedade com que muitos pais tratam os filhos são prejudiciais à aprendizagem e ao desenvolvimento da independência. Muitos pais e professores se esquecem de que os "erros" constituem parte importante do processo de aprendizagem e interferem demais, metem-se em tudo, não permitem que a criança tente, experimente, dê cabeçadas. Crianças e jovens têm a própria vida e devem ter liberdade para vivê-la, desde que não interfiram na liberdade dos outros.

Na escola, visando à eficiência do processo de ensino e aprendizagem, deve-se levar em conta, portanto, a integração dos alunos em grupos de colegas e amigos, estimulando a convivência entre eles e respeitando as peculiaridades dos *grupos infantis*, dos *grupos pré-adolescentes*, dos *grupos adolescentes* e dos *grupos de amigos*.

Grupos infantis

Durante os anos correspondentes à educação infantil, as crianças ainda são bastante egocêntricas e não se preocupam muito em estabelecer relações com os outros. Essas relações são esporádicas e mais ligadas à satisfação imediata das próprias necessidades. O que significa que as crianças se relacionam com os outros quando precisam deles para satisfazer suas necessidades: "tô com fome", "me leva ao cinema", "posso jogar no computador?", "posso brincar com o Lorenzo?" etc.

Normalmente, a criança aceita qualquer companheiro para brincar. Às vezes, prefere brincar com aqueles com os quais mais convive, mas, de um modo geral, brinca com quem está disponível.

Nessa idade, ainda não se formou um sentimento de grupo muito forte. Por isso, não há padrões próprios de comportamento em grupo, que se distingam dos padrões de outros grupos da mesma idade. Geralmente, são os adultos que estabelecem os padrões e não se formam grupos fechados.

Aos poucos, a criança vai superando o seu egocentrismo, deixando de se considerar o centro do mundo e de achar que os seus brinquedos são só seus e que os dos outros também são seus. Alguns fatores são importantes para que a criança comece a se preocupar também com os direitos, os sentimentos e o bem-estar dos outros:

a) a insistência dos pais e companheiros mais velhos para que ela divida os seus brinquedos;
b) a tentativa de evitar o desprazer causado por não deixar ninguém mexer em seus brinquedos: ela pode ser deixada de lado pelos outros, ninguém pode querer brincar com ela etc.;
c) a tentativa de evitar a reprovação e as possíveis repreensões dos pais e dos professores;
d) o desejo de brincar com os outros;
e) o desejo de que os outros também dividam os seus brinquedos, às vezes até mais bonitos e melhores, com ela.

De qualquer forma, por volta dos 7 anos, a criança já participa mais das brincadeiras coletivas, já se integra em grupos e aceita os padrões de comportamento desses grupos.

Grupos pré-adolescentes

Ao iniciar o ensino fundamental, crescem as pressões para que a criança trabalhe em grupo. A sala de aula já é um grupo ao qual ela pertence obrigatoriamente. Mas, além dessa participação no grupo de sala de aula, orientado pelo professor, ela vai procurar estabelecer relações mais permanentes com uma ou mais crianças da sua turma.

Já nos primeiros anos do ensino fundamental, grupos mais ou menos permanentes, com suas próprias normas internas e em relação aos colegas de fora do grupo, começam a se formar. Estabelece-se um tipo de relacionamento próprio do grupo, um dos membros pode sobressair como líder, tomando iniciativas, propondo atividades, e podem passar a existir critérios para incluir ou excluir um colega.

Se, no período anterior, era a rejeição por parte dos adultos a maior causa de problemas para a criança, agora a maior fonte de ansiedade passa a ser a rejeição por parte de um grupo de companheiros.

As relações com dois ou três amigos tendem a ser mais duradouras. A criança que não consegue encontrar um amigo torna-se ansiosa e pode ter problemas em seu desenvolvimento social e, mesmo, em seu desempenho escolar. Em geral, a criança produz mais quando trabalha com o seu grupo espontâneo do que quando trabalha com colegas que não fazem parte do seu grupo mais chegado.

Os alunos ainda estão aprendendo a conviver com seus companheiros e a trabalhar em grupo. Portanto, não convém forçar o aluno a trabalhar com colegas que não deseja, imposição que cria uma situação constrangedora e delicada para todos e que em nada contribui para a aprendizagem e o desenvolvimento humano.

Nos anos iniciais do ensino fundamental, os alunos tendem a produzir mais quando os membros do grupo permanecem mais ou menos constantes, sem mudanças que sejam do desagrado deles. Com o tempo, as crianças vão incorporando atitudes construtivas e cooperativas, que as vão tornando disponíveis ao trabalho com todos os colegas. Convém respeitar o desenvolvimento natural dessa disponibilidade.

GRUPOS ADOLESCENTES

Na adolescência, as relações com o grupo passam a ser bem estabelecidas, com amigos mais chegados com os quais o adolescente costuma fazer seus trabalhos escolares e, também, dedicar-se a atividades extraescolares, como a prática de esportes, jogos de computador, passeios etc. Geralmente, entre os mais chegados, o jovem sempre tem um ou dois companheiros inseparáveis, para os quais não há segredo e que sempre são ouvidos quando enfrenta qualquer problema, especialmente em relação à família, à escola ou ao relacionamento afetivo.

Os pais são superados pelos companheiros como padrão de conduta. Muitas vezes, o adolescente briga com os pais, revoltando-se contra um controle mais rígido do seu comportamento, dando exemplos de amigos que têm pais mais liberais, que não tolhem a liberdade dos filhos.

Quando os pais não têm tempo para os filhos, não conversam com eles, não estão disponíveis para ouvir seus problemas e suas preocupações, os conflitos próprios das transformações da puberdade e da adolescência, os amigos passam a ser ainda mais importantes.

Puberdade e adolescência tornar-se-ão tanto mais problemáticas quanto menos o indivíduo estiver preparado para vivê-las. Se o adolescente não sabe o que está acontecendo com ele, se não compreende as transformações que estão ocorrendo em seu corpo, nas relações com os companheiros, na sua maneira de encarar o mundo, sua adolescência será mais problemática.

Depois de um estágio inicial em que seu objeto de afeição pode ser um adulto idealizado, o adolescente geralmente passa a interessar-se por companheiros ou companheiras da mesma idade. Pode ter início um namoro que, eventualmente, leva à vida a dois.

Também é comum aparecerem conflitos entre a necessidade de participação e a necessidade de realização. Por um lado, os companheiros da mesma idade solicitam a participação em atividades comuns, que fortalecem os laços entre os membros do grupo. Por outro, os adultos insistem na necessidade de realização do filho: "você precisa estudar mais!", "você precisa trabalhar, para ajudar em casa e adquirir experiência!", "por que você não faz um curso de inglês, que é muito importante?" etc.

A necessidade de participação conduz o jovem à convivência com o grupo; a necessidade de realização pode levá-lo a um emprego que o separa quase completamente dos companheiros. Se precisar trabalhar muito cedo, sua convivência com companheiros e sua perspectiva de realização pessoal podem ser reduzidas ao ambiente de trabalho. Em qualquer caso, a "turma" é muito importante para o adolescente, uma condição indispensável para o seu desenvolvimento social.

Grupos de amigos

O que é a amizade? O que explica o relacionamento mais íntimo de uma criança ou de um jovem com um ou dois companheiros e não com outros? O que faz com que se sinta bem quando está com uns e não com outros?

O que se observa é que, geralmente, há considerável semelhança entre os amigos, no que se refere a idade, inteligência, interesses, meio socioeconômico etc. Mas nem sempre é assim. Amizades duradouras podem desenvolver-se entre companheiros bastante diferentes.

Crianças menores relacionam-se mais frequentemente com colegas da mesma rua ou do mesmo edifício, pois sempre se encontram para brincar ou para ir à escola. Mesmo nesse caso, verifica-se que elas se relacionam mais com alguns vizinhos da mesma idade do que com outros.

Com a idade, variam os interesses do indivíduo e também os amigos. Às vezes, cada amigo da infância vai para um lado e a distância faz diminuir a amizade. Surgem novos colegas de escola e de trabalho, de práticas esportivas e de lazer, e novas amizades podem nascer. Amizades estabelecidas na adolescência parecem ser mais duradouras que as da infância, mantendo-se, às vezes, por toda a vida. Mas também há casos em que as amizades da infância são mantidas, independentemente da distância em que vivam os amigos.

Pais e professores devem respeitar seriamente as amizades dos filhos e alunos, mesmo que achem difícil compreendê-las, considerando-se que o mundo juvenil é diferente do adulto e que pessoas de mais idade têm dificuldades em colocar-se no lugar dos adolescentes. Entretanto, a compreensão é uma necessidade e um dever dos adultos, pois estes já foram crianças e jovens, fato que muitas vezes esquecem ou fingem esquecer.

Além da compreensão, é importante o respeito às decisões dos jovens no campo das amizades, não interferindo de forma autoritária, mas sempre mantendo o diálogo. O próprio jovem, à medida que se desenvolver e observar os vários modelos de vida ao seu redor, saberá escolher entre continuar ou não com suas amizades.

Em suma, quando os adultos acham que devem interferir, quando sentem que o jovem está correndo algum perigo, o melhor caminho é o diálogo franco, sem imposições unilaterais. Se o adulto for amigo, não haverá dificuldade para o diálogo. Antes, pelo contrário, é provável que o jovem, diante de qualquer problema, procure o adulto amigo para contar-lhe o que o preocupa e ouvir seu ponto de vista.

A amizade é um fator importante para a maturidade social, principalmente quando está voltada para os interesses do grupo maior e da comunidade em que os amigos vivem. Uma amizade exclusivista, em que só os interesses particulares são levados em consideração, não é o melhor caminho para a realização social. Antes de ser um fator de afastamento da sociedade e do mundo, antes de ser fator de alienação, a amizade deve ser uma fonte constante de motivação para a participação social, visando a melhores condições de vida para todos em um ambiente sustentável.

O educador polonês Janusz Korczak – médico, humanista, professor e escritor polonês – dedicou a vida inteira à luta em favor da criança, em defesa dos seus direitos humanos, tendo sido assassinado pelos nazistas no campo de concentração de Treblinka, com as duzentas crianças do seu orfanato, que se recusou a abandonar. O texto que segue, extraído do seu livro *Quando eu voltar a ser criança*, constitui um valioso estímulo para que pensemos sobre a amizade e sua importância para a aprendizagem.

> Existem aqueles com os quais ninguém quer andar, então todo dia tentam grudar em alguém. Existem também os que preferem voltar para casa sozinhos, mas são raros. Há os que gostam de andar em grupo grande. O mais comum é se andar a dois ou três, geralmente sendo dois amigos e o terceiro vai como convidado; ou então ele se aproxima e nós examinamos de quem se trata. Existem os ciumentos, que não gostam que há um terceiro. Estes são desagradáveis, dão a impressão que nos compraram com exclusividade.
> Chato é quando um garoto quer acompanhar um outro, e este outro já se cansou dele, ou quer escolher outra companhia. Tem que sair da escola às escondidas, para evitar o encontro. Se o garoto for um desses que percebem as coisas, irá embora sozinho. Já um outro é capaz de armar um escândalo, revelar os segredos, inventar mentiras, e de pseudoamigo transformar-se no pior inimigo.
> Nem sempre aquele com quem voltamos da escola é necessariamente nosso amigo. Pode acontecer que o amigo more num outro bairro, de modo que os caminhos se separam logo, não dá nem pra caminhar um pedacinho juntos. Portanto, amigo é uma coisa, e aquele com quem se gosta de voltar da escola é outra. Mas o amigo é sempre como um irmão, e até mais. Só que o irmão a gente conhece melhor, não há como se enganar. Já a amizade se faz através de palavras, você pensa que fulano é o que ele diz que é, mas se ele for falso, pode haver engano. Ele é uma coisa na nossa frente e outra coisa

diferente longe dos nossos olhos; ou então diz uma coisa e faz outra. Se você tem um irmão que não é como você quer, não tem saída: pode brigar com ele, mas no fim vão ter de fazer as pazes. Já no caso do pseudoamigo é possível separar-se para sempre. (s.d.: 96-7)

Por falar nisso

"Por mais raro que possa ser o amor, ainda mais rara é a verdadeira amizade." (La Rochefoucauld)

"A posse da amizade é de longe a maior de todas as coisas que a sabedoria prepara para a felicidade de uma vida." (Epicuro)

"Cada novo amigo que ganhamos no decorrer da vida nos aperfeiçoa e enriquece, não tanto pelo que nos dá, quanto pelo que nos revela de nós mesmos." (Unamuno)

"O maior erro seria querer demais dos nossos amigos." (Gustavo Capanema)

"Um amigo é a pessoa a quem mais se dá crédito quando fala mal de nós." (Jean Rostand)

"Um amigo pode ser considerado a obra-prima da Natureza." (Emerson)

"O amigo certo se reconhece numa situação incerta." (Cícero)

"A amizade é como a saúde: só depois de a perder se aquilata o seu valor." (Leon Kaseff)

"A amizade é uma das mais fortes necessidades da alma." (Renato Kehl)

INCORPORANDO A APRENDIZAGEM

> *A memória inteligente é aquela que sabe esquecer. O esquecimento é um mecanismo de sabedoria, controlador da memória, para que ela não carregue pesos inúteis.* (Rubem Alves)

Lorenzo está muito preocupado. No último ano do ensino fundamental, ou seja, há 12 anos frequentando a escola, o que dá aproximadamente dez mil horas, deve ter preenchido milhares de páginas de caderno, feito centenas de provas, recebido inúmeras broncas dos professores e dos pais. Para quê? Acha que esqueceu quase tudo o que estudou. Em Matemática, por exemplo, até as coisas mais simples, como adição de frações e cálculo de juros, não sabe mais fazer; em Ciências, a mesma coisa: não sabe como distinguir os diversos tipos de folhas, nem explicar o processo de fotossíntese; em História, quando ouve falar em ditadura militar, nem de longe imagina o que seja isso; em relação à Língua Portuguesa, se o professor pede para escrever alguma coisa, com muita dificuldade consegue chegar a dez linhas...

Quando pensa nisso tudo, Lorenzo às vezes acha que perdeu os melhores anos de sua vida nos bancos escolares. E acha também que, se fosse aprender agora tudo que viu nos anos escolares, talvez não levasse mais que poucos meses. Infelizmente, a situação de

Lorenzo é a de muitos estudantes: estudaram, fizeram as provas, obtiveram as notas para ir adiante e esqueceram.

Em primeiro lugar, claro que a escola não serve apenas para aprender determinadas matérias, mas também para a aprendizagem da convivência social, do respeito ao outro, ao diferente, do trabalho coletivo, do processo de tomada de decisões etc. Entretanto, em segundo lugar, não resta dúvida de que cabe a pergunta: por que o indivíduo esquece muito do que estudou e, até, aprendeu? Um das razões está no fato de que a escola, muitas vezes, ensina coisas que o aluno não entende, não usa ou não tem ligação com a sua vida.

Neste capítulo, são apresentadas algumas explicações para o esquecimento, alguns fatores que ajudam a reter o que foi aprendido e os atributos da memória.

Explicações para o esquecimento

Entre as muitas explicações para o esquecimento, são consideradas importantes a falta de uso, a interferência, a reorganização e a repressão.

a) **Falta de uso**. Alguns estudiosos acreditam que tendemos a esquecer o que aprendemos, mas não usamos. Embora tenha algum fundamento, esta explicação não é suficiente por vários fatos que constatamos em nossa própria vida: a simples passagem do tempo não produz esquecimento, pois nos lembramos de coisas que aconteceram há muito tempo e nos esquecemos de fatos recentes; às vezes nos lembramos de coisas que estudamos há muito tempo e nunca utilizamos; se estudarmos uma matéria e dormirmos, quando acordamos nos lembramos mais do que aqueles que, depois do estudo, permaneceram acordados, dedicando-se a outras atividades.

b) **Interferência**. Como vimos, a teoria do desuso não explica suficientemente o fenômeno do esquecimento. Em muitos casos, a explicação está na interferência de uma aprendizagem sobre outra. Por exemplo, se logo depois da aula de inglês você estudar francês, é provável que o estudo de francês interfira negativamente sobre o que aprendeu em inglês. A interferência negativa tende a diminuir à medida que aumenta o nível de aprendizagem.

c) **Reorganização**. Nossa memória reorganiza o que aprendemos, de forma que muitas vezes nos lembramos das coisas de maneira diferente da que aprendemos ou vivenciamos. A memória é dinâmica. Certas modificações são frequentes quando testemunhamos algum fato: em vez de nos lembrarmos do que realmente aconteceu, tendemos a nos lembrar do fato da maneira que é mais conveniente para nós. Com o tempo, o náufrago vai esquecer que brigou com unhas e dentes com alguém em disputa por uma boia salva-vidas, vai "lembrar" que o indivíduo já estava morto e a boia estava "dando sopa".

d) **Repressão**. Segundo a psicanálise, a repressão produz um *esquecimento motivado*. Ou seja, as pessoas tendem a reprimir, a enviar para o inconsciente, e, portanto, a esquecer as experiências desagradáveis e os fatos a elas associados. Alguns estudos verificaram que os indivíduos se recordavam melhor das sílabas que haviam sido aprendidas em presença de odores agradáveis do que daquelas ensinadas em meio a cheiros repugnantes.

Na escola, esse tipo de esquecimento parece ser frequente. Alguns exemplos: Thomas acha desagradável a convivência com a professora de História, sente-se perseguido por ela, acha que ela não gosta dele, estuda só para a prova, só para passar, e esquece tudo logo em seguida. Maribel rompeu com o namorado, um colega da escola, e todos os colegas a ridicularizam, criando um clima constrangedor na sala de aula; daí que quase nada consegue entender nem aprender, esquecendo imediatamente o pouco que captou.

e) As pessoas tendem a esquecer os compromissos que consideram desagradáveis: a hora do dentista, uma conversa com o diretor, a data de uma prova etc. Na verdade, esquecem mesmo, pois associam o assunto a experiências desagradáveis, reprimindo-o e enviando-o ao inconsciente.

Fatores que favorecem a retenção

Reter o aprendido significa incorporá-lo, integrá-lo ao nosso sentir, pensar e agir, ao nosso dia a dia, fazer com que faça parte da nossa vida. E entre os fatores que podem favorecer a retenção estão a semelhança entre a situação de aprendizagem e a de uso, o grau de domínio da aprendizagem, a superaprendizagem, a revisão e a intenção de memorizar.

a) Quanto mais **semelhantes forem as duas situações**, a da aprendizagem e a da prova, por exemplo, tanto maior a facilidade para se obter um bom resultado na avaliação. Ou seja, se na prova o professor aplicar questões que foram resolvidas em sala, certamente os resultados serão melhores do que se der perguntas totalmente diferentes. Também o professor terá maior facilidade em recordar o nome dos alunos se estes ocuparem todos os dias o mesmo lugar.

b) O **grau de domínio da aprendizagem** depende da organização e da significação da matéria. Se esta formar um todo coerente, for bem organizada e tiver significado para o aluno, será retida por mais tempo. A significação do material depende de fatores como simplicidade e continuidade, relação com a experiência anterior e grau de motivação. Qualquer matéria deve ser apresentada de forma simples e acessível, relacionada com o que o aluno já aprendeu, despertando o seu interesse, respondendo a uma necessidade dele.

c) A **superaprendizagem** consiste em aprender um material num nível acima do mínimo indispensável para a reprodução imediata. Se você, por exemplo, estudou as teorias da motivação apenas o suficiente para sair-se bem na prova, certamente não estará garantida a continuidade e permanência do conhecimento.

d) Outro fator que auxilia na incorporação da aprendizagem são as **revisões periódicas**. Elas evitam que o assunto esfrie e seja esquecido e contribuem para uma retenção mais duradoura e para a economia de tempo quando o material precisar ser utilizado. Revendo periodicamente as teorias da motivação, será mais fácil aplicá-las quando você precisar estimular os seus alunos.

e) A **intenção de memorizar** é uma condição indispensável para a retenção do material. Conta-se que um pastor, depois de 30 anos de vida entregues a Deus, havia lido mais de dez mil vezes a mesma oração. Era a primeira coisa que fazia todas as manhãs, pegava o seu livrinho e lia aquela oração. Certa vez, partiu para uma viagem e esqueceu-se de levar o livrinho. Na manhã seguinte, ao acordar, tentou dizer a oração de cor, mas, para o seu espanto, não conseguiu. É que lia diariamente a oração, mas nunca com a intenção de aprendê-la para depois se lembrar. É o que acontece com muitos alunos em grande parte das aulas: estudam sem a intenção de aprender, pensando em outra coisa, com a cabeça em outro lugar, muitas vezes bem distante da sala de aula, e o resultado é o que todos conhecemos: uma aprendizagem efêmera, que logo se esvai, carregada pelas ondas das inúmeras solicitações do cotidiano.

Atributos da memória

Analisando os tipos de informação que a memória retém, Underwood (apud Klausmeier, 1977: 484) classificou os atributos da memória em dois grandes grupos: atributos independentes do fato, da tarefa ou do material e atributos dependentes do fato, da tarefa ou do material.

Atributos independentes

São os atributos de tempo, espaço, frequência e modalidade:

a) O **atributo temporal** refere-se à importância da sequência de tempo na retenção de uma aprendizagem. Todo o fato é antecedido e seguido de outros, numa certa sequência temporal, e recordar-se dessa sequência facilita a recordação do fato. Exemplos: aprender a multiplicação depois da adição; antes de iniciar a explicação da equação de segundo grau, o professor deu um espirro; o dia da formatura aconteceu um dia após o aniversário etc.

b) O **atributo de espaço** consiste na associação da matéria ou do fato que se quer lembrar com o local em que foi aprendida ou aconteceu. Assim, um aluno pode lembrar uma fórmula de matemática associando-a ao local do livro em que se encontra ou com o local da casa onde foi estudada; um orador que fala de improviso pode associar partes do seu discurso com aspectos do ambiente; frequentando determinado cinema, pode-se lembrar de fatos lá ocorridos, como o primeiro beijo, o rompimento do namoro, uma briga com um amigo etc.

c) O **atributo de frequência** relaciona-se à tendência de reter melhor os fenômenos que ocorrem mais frequentemente. É mais fácil recordar a letra de uma canção quando é ouvida muitas vezes.

d) O **atributo de modalidade** diz respeito à forma como o material é aprendido. Um mesmo assunto aprendido por meio de uma aula expositiva, de um audiovisual ou de uma discussão em grupo provoca diferentes graus de retenção.

Atributos dependentes

Abrangem associações não verbais e associações verbais.

Associações não verbais

Podem ser acústicas, visuais, afetivas e de contexto.

a) A **associação acústica** é a associação de um fato ou material a um som: a memorização de uma poesia é facilitada pelas rimas; a memorização da letra de uma canção é facilitada pela melodia; o assunto de uma aula é aprendido de forma mais ou menos eficiente dependendo do tom da voz do professor; um discurso pode levar ao sono ou ao agito em função de quem o profere.

b) A **associação visual** consiste na associação do que deve ser lembrado com a sua aparência: o professor pode memorizar o nome dos alunos com base em sua estatura ou cor dos cabelos e tipo de penteado; na alfabetização, às vezes, as letras são associadas a objetos com forma semelhante (o "o" com a bola, o "u" com o copo etc.); o aluno pode associar determinado assunto com a roupa que o professor vestia no dia em que o ensinou.

c) A **associação afetiva** refere-se aos sentimentos experimentados no momento da aprendizagem: a aprendizagem da adição com a alegria pelo sorriso da professora, o estudo da Revolução Francesa com a tristeza pela briga dos pais naquele dia, o relevo da Patagônia com ódio pelo rompimento com a namorada.

d) A **associação de contexto** refere-se à situação ou ambiente em que o assunto foi estudado: aprender Química no laboratório, Ciências no parque, História no museu, Geografia na praia etc. pode facilitar a retenção da aprendizagem.

Associações verbais

O atributo verbal da memória compreende a associação de palavras, recurso que favorece a aprendizagem de sinônimos, antônimos, palavras de outra língua etc. Lembrando cachorro pode lembrar cão, recordando quente pode pensar em frio, falando casa pode lembrar "maison" etc.

O que se observa é que, para a fixação de cada lembrança ou recordação, podem ocorrer diversas associações simultâneas. Geralmente, quanto maior o número de atributos associados, maior será a incorporação da aprendizagem envolvida.

A memória é limitada e, portanto, seletiva. Guarda o que interessa. São múltiplos os exemplos e comprovações nesse sentido. Como aquele professor de Ornitologia que, questionado por não memorizar o nome dos seus alunos, alegou que não poderia fazê-lo, pois, para cada nome de aluno que memorizava, esquecia o nome de um pássaro, o que prejudicaria enormemente o seu exercício profissional.

E o escritor Mario Vargas Llosa, prêmio Nobel de Literatura, afirma que quanto "mais informação, menos conhecimento" e que "há provas conclusivas de que, quando a memória de uma pessoa deixa de exercitar-se porque conta com o arquivo infinito que um computador coloca a seu alcance, se intumesce e debilita como os músculos que se deixa de usar" (2012: 208 e 210, tradução minha). E Conan Doyle, no livro *Um estudo em vermelho*, conta que Watson, tendo ficado surpreso por Sherlock Holmes admitir que desconhecia a teoria copernicana segundo a qual a Terra gira em torno do Sol, recebeu dele a seguinte resposta:

– Você parece espantado – disse ele, sorrindo da minha expressão de surpresa. – Agora que já sei essa informação, farei o possível para esquecê-la.
– Esquecê-la!
– Veja – explicou –, acho que o cérebro do homem é originalmente como um pequeno sótão vazio, que temos de abastecer com a mobília que escolhemos. Um tolo pega todo e qualquer traste velho que encontra pelo caminho, de modo que o conhecimento que poderia lhe ser útil fica de fora por falta de espaço ou, na melhor das hipóteses, acaba misturado com uma porção de outras coisas, o que dificulta o seu possível emprego. Mas o trabalhador de talento é muito cuidadoso a respeito do que coloca no seu sótão-cérebro. Só acolhe as ferramentas que podem ajudá-lo a realizar o seu trabalho, mas dessas ferramentas ele tem uma enorme coleção, e tudo disposto na mais perfeita ordem. É um erro pensar que o pequeno quarto tem paredes elásticas e pode se distender em qualquer direção. Acredite, chega uma época em que para cada novo conhecimento é preciso esquecer alguma coisa que se conhecia antes. É da maior importância, portanto, não ter fatos inúteis empurrando para fora os úteis. (2012: 24-5)

Será que nossas escolas não ensinam demasiadas coisas inúteis, que acabam prejudicando a aprendizagem e a memorização de conteúdos mais importantes para a vida dos alunos? Sabemos que o currículo escolar foi se ampliando, novas matérias foram sendo incluídas, na medida em que foram surgindo novos conhecimentos. Não será a hora desse currículo passar por um processo seletivo, destinando-se mais tempo para o estudo mais aprofundado – e não superficial como muitas vezes acontece – daquilo que realmente importa para a formação do cidadão, de acordo com o estabelecido em nossa Constituição?

Por falar nisso

"A memória é um diário que todos carregamos conosco." (Oscar Wilde)

"A memória é uma peneira estranha: retém todo o bem de nós e todo o mal dos outros." (Wieslaw Budzinski)

"A memória tem a característica singular de recordar, de um amigo ausente ou de uma viagem feita há muito tempo, só o que é agradável." (C. D. Warner)

"Há de tudo na memória: ela é uma espécie de farmácia, de laboratório de química, onde ao acaso se põe a mão ora sobre um calmante, ora sobre um veneno perigoso." (Proust)

"Só se aprende o que tem sentido e o que é prazeroso." (Jean Piaget)

"Educar é encharcar de sentido e prazer." (Paulo Freire)

"Sejamos honestos, é exatamente pela falta de sentido e prazer que nosso cérebro 'deleta', apaga da memória, informações inúteis." (Rubem Alves)

DOMINANDO AS NOVAS TECNOLOGIAS

O grande perigo da tecnologia é implantar no homem a convicção enganosa de que é onipotente, impedindo-o de ver sua imensa fragilidade. (Hermógenes)

A informação e a comunicação constituem uma necessidade humana básica, razão pela qual, desde os primórdios, acompanham e inovam o desenvolvimento social.

Nesse sentido, modernamente, a Terceira Revolução Industrial ou Revolução Técnico-Científica, ao juntar a técnica à ciência, criou a tecnologia, a qual, incorporada a processos informativos e comunicativos, deu vida às chamadas Tecnologias de Informação e Comunição (TICs), provocando mudanças substanciais (novos conceitos e quebra de paradigmas) quanto ao modo de educar, produzir e organizar o mundo em que vivemos.

Quanto ao referido mundo educacional, as TICs, e posteriormente às novas TICs, introduziram (desde meados dos anos 1990) no cotidiano escolar e acadêmico ferramentas como os computadores, telefones celulares e iPads, cujo acesso à internet permite a visita a webs, e-mails e redes sociais, possibilitando a professores e alunos comunicarem-se e informarem-se de modo imediato e mediado por agentes externos à sala de aula e fora dos muros das escolas.

Este processo em tempo real (*just in time*) torna palpável aos professores e alunos um "ecossistema de ideias humanas", o qual, segundo Lévy, construído por nós mesmos, gera uma "inteligência coletiva" através da "partilha da memória, da percepção, da imaginação", resultando em uma troca de conhecimentos e aprendizagem coletiva. O autor declara ainda que:

> Novas maneiras de pensar e de conviver estão sendo elaboradas no mundo das telecomunicações e da informática. As relações entre os homens, o trabalho, a própria inteligência dependem, na verdade, da metamorfose incessante de dispositivos informacionais de todos os tipos. Escrita, leitura, visão, audição, criação, aprendizagem são capturados por uma informática cada vez mais avançada. Não se pode mais conceber a pesquisa científica sem uma aparelhagem complexa que redistribui as antigas divisões entre experiência e teoria. Emerge, neste final do século XX, um conhecimento por simulação que os epistemologistas ainda não inventaram. (2004: 27)

Enfim, as TICs, historicamente, ocasionaram e vêm ocasionando mudanças na sociedade. Processo que se intensificou com o advento da era contemporânea, a ponto de transformar as TICs, nas últimas décadas, na base sobre a qual se desenvolve a quase totalidade de nossas atividades humanas e sociais.

Dentro desse contexto, para Susane Garrido, doutora em Psicologia do Desenvolvimento, em uma entrevista à revista *Aprendizagem* (2011), a escola deve "falar a mesma língua" do aluno como condição para o desenvolvimento cognitivo, social e cultural dos jovens e das crianças, priorizando a preparação das novas gerações de cidadãos para o modo de pensar e atuar da sociedade pós-moderna.

Todo esse processo vem criando dentro da escola convencional um outro cidadão que exige um outro mundo escolar: *o virtual ou digital*, o qual requisita novas práticas didáticas e pedagógicas em sala de aula.

Por isso, os profissionais da educação devem estar sensibilizados a melhor compreender e utilizar em seu favor as novas TICs, ou seja, em benefício de um processo de ensino e aprendizagem que as integre às práticas de sala de aula.

O desenvolvimento das TICs e o surgimento da internet

Na década de 1970, a Toyota, indústria japonesa de automóveis, através do desenvolvimento e uso de alta tecnologia (*high-tech*) introduziu o uso do computador em suas linhas de produção, inaugurando uma nova fase produtiva no mundo, chamada de toyotismo.

Tais transformações provocadas pela tecnologia de informação, segundo Castells (2010), fazem do computador o ícone da Terceira Revolução Industrial, caracterizado, ao contrário da máquina comum, como ferramenta produtiva programável ou autoprogramável.

A computadorização causou uma reestruturação no processo produtivo na medida em que, primeiramente, vende-se o produto e, posteriormente, compra-se a matéria-prima e, então, fabrica-se. Isso a partir da entrega das partes do produto por fornecedores terceirizados e subcontratados, capacitados e integrados (conectados) em uma rede produtiva apta a realizar a demanda no momento exato exigido pelo processo estabelecido.

Historicamente, essa produção chamada de *just in time*, produção enxuta ou produção por demanda, ao eliminar o estoque e integrar a produção em uma ampla rede produtiva, superou o fordismo enquanto um sistema de produção a partir de linhas de montagem semiautomatizadas e hierarquizadas.

Provocou-se, assim, a flexibilização e a horizontalização do processo produtivo, exigindo, para tanto, profissionais criativos, altamente qualificados, polivalentes (em razão do rodízio de tarefas) e aptos a trabalhar em equipes guiadas por uma programação computadorizada do conjunto da obra.

Frente a esse processo, os investimentos voltados à inovação e ao uso de TICs aumentaram vertiginosamente enquanto condição indispensável à sobrevivência das empresas e ao desenvolvimento de países em face de um mundo globalizado e altamente competitivo.

Desenvolvem-se, assim, as novas TICs, definidas como um conjunto de recursos tecnológicos, os quais, usados de modo integrado, reúnem, transmitem, distribuem e compartilham informações através de textos, imagens, vídeos e sons, proporcionando a automação e comunicação de vários tipos de processos existentes, na medida em que, segundo Pacievitch (2009):

> As TICs são utilizadas das mais diversas formas, na indústria (no processo de automação), no comércio (no gerenciamento, nas diversas formas de publicidade), no setor de investimentos (informação simultânea, comunicação imediata) e na educação (no processo de ensino-aprendizagem, na Educação a Distância). (s.l.)

Vale dizer que o aperfeiçoamento e a popularização da internet a partir dos anos 1990 (surgida na década de 1960, com a criação da ARPANET, nos Estados Unidos, pela ARPA – Advanced Research Projects Agency), aprofundam este processo com a criação de novos sistemas de comunicação e informação, formando uma verdadeira rede global do conhecimento através de dispositivos como computadores, telefones celulares, tablets, iPhones etc., possibilitando a globalização da economia por meio do uso de e-mails, chats, comunidades virtuais, webcam, webs.

Desponta, portanto, a sociedade da informação e do conhecimento e, nesta, a inclusão digital surge como um desafio fundamental para o exercício e sobrevivência de uma nova cidadania e uma nova geração, a digital, que nasce em meio a um ritmo acelerado de inovações tecnológicas rapidamente assimiladas por crianças e jovens. Um novo mundo no qual as máquinas vão substituindo a mão de obra humana, restando aos trabalhadores inovar o processo produtivo através de sua criatividade.

A Unesco e a competência em TICs para professores

De acordo com Abdul Waheed Khan (apud Unesco, 2009: 2), diretor do Setor de Comunicação e Informação da Unesco: "As práticas educacionais tradicionais já não oferecem aos futuros professores todas as habilidades necessárias para capacitar os alunos a sobreviverem no atual mercado de trabalho."

Por isso, Khan (apud Unesco, 2009: 1) entende que as escolas e salas de aula, presenciais ou não, devem ter professores equipados (recursos) e capacitados (habilidades) a ensinar e ao mesmo tempo incorporar conceitos e competências em TICs, de modo a permitir que os alunos se tornem:

> [...] usuários qualificados das tecnologias da informação; pessoas que buscam, analisam e avaliam a informação; solucionadores de problemas e tomadores de decisões; usuários criativos e efetivos de ferramentas de produtividade; comunicadores, colaboradores, editores e produtores; cidadãos informados, responsáveis e que oferecem contribuições.

Para tanto, os professores devem preparar-se para ensinar com o apoio das TICs e das novas TICs, o que levou a Unesco em 2008 a elaborar padrões de competência em TICs para professores, "apresentando, entre outras, uma descrição detalhada das habilidades específicas a serem adquiridas pelos professores" (Khan, apud Unesco, 2009: 2).

Tal indicação se dava a partir de três abordagens: alfabetização em tecnologia, aprofundamento do conhecimento e criação do conhecimento, que

> incluem o treinamento em habilidades de TIC como parte de uma abordagem mais ampla à reforma do ensino, que inclui: política, currículo e avaliação, pedagogia, uso da tecnologia, organização e administração da escola e desenvolvimento profissional. (Unesco, 2009: 6)

No entanto, apesar de especialistas e instituições como a Unesco, o governo e a sociedade em geral entenderem que as novas TICs ampliam o aprendizado, tratando-se de condição essencial para a vida e escolarização moderna, persiste, no Brasil, a falta de investimento em infraestrutura e capacitação dos professores através de uma formação inicial e continuada.

Segundo Rodrigues (2012a):

> apenas 42,6% das escolas públicas de Ensino Fundamental têm acesso à internet e 55,9% delas ainda não possuem laboratório de informática, segundo o último resumo técnico do Censo Escolar do Instituto Nacional de Estudos e Pesquisas Educacionais (Inep), de 2011.

Embora a quase totalidade dos professores possuam computadores e apesar do contato dos docentes com as novas tecnologias, "especialistas afirmam que o principal empecilho para a introdução dos meios digitais nas escolas é a falta de investimento nas formações inicial e continuada dos professores" (Rodrigues, 2012b).

O uso e a proibição das novas TICs em sala de aula

Para Perrenoud (2000), a escola não deve "[...] ignorar o que se passa no mundo", tendo em vista que "as novas tecnologias da informação e da comunicação (TIC ou NTIC) transformam espetacularmente não só nossas maneiras de comunicar, mas também de trabalhar, de decidir, de pensar".

Assim, se "as crianças nascem em uma cultura em que se clica, é dever dos professores inserirem-se no universo de seus alunos" (Mendelsohn, apud Perrenoud, 2000).

Essa cultura tecnológica pode trazer muitos benefícios ao processo de ensino-aprendizagem. Segundo Margall (2011), a Fundação Carlos Chagas, em uma pesquisa feita nas escolas públicas do município de José de Freitas, no Piauí, com crianças que desde 2009 estudam Matemática em salas de aula munidas de novas TICs (lousas digitais, laptops e tablets, softwares educativos etc.), constatou que elas melhoraram suas notas em 8,3 pontos, em relação ao período letivo anterior. Isso, enquanto os alunos que estudaram em salas tradicionais melhoraram em apenas 0,2 ponto. O mesmo ocorreu no município de Guarujá (SP), onde as médias satisfatórias em Geografia que, em uma sala tradicional, eram de 35%, saltam para 80% com aulas em uma sala multimídia.

No entanto, isso não é uma realidade nacional, posto que além da falta de infraestrutura e de formação dos docentes para o uso das novas tecnologias em sala de aula, existem a indiferença e a relutância quanto ao uso delas.

Esse é o caso dos aparelhos eletrônicos e, sobretudo, do telefone celular, haja vista que projetos de lei da Câmara dos Deputados, tais como o PL 2.246/07, o PL 2.547/07, o PL 3.486/08 e finalmente o PL 2.806/11, buscam proibir o seu uso em ambientes escolares, assinalando os problemas causados por eles.

Para o professor José Carlos Antonio (2012), a Secretaria de Educação do Estado de São Paulo, por exemplo, não provê as escolas nas quais trabalha de materiais tecnológicos suficientes para atender a seus alunos, então usa cotidianamente em sala de aula os celulares dos estudantes por disporem de calculadora, agenda eletrônica, bloco de anotações, câmera fotográfica digital, filmadora digital, gravador de áudio digital, acesso à internet e dispositivo digital de reprodução multimídia (sons, imagens, filmes e animações).

Desse modo, os alunos do professor Antonio (2012) usam seus telefones celulares para:

> fazer contas usando a calculadora; agendar tarefas e provas na agenda do celular; fotografar as minhas lousas (eu sugiro esse método, ao invés da cópia da lousa no caderno, porque são alunos do Ensino Médio, porque isso garante maior fidelidade da informação, porque isso é uma atividade sustentável que evita o uso de papel e porque o celular permite armazenar as lousas do ano todo em parte insignificante de sua memória). Eu mesmo fotografo minhas lousas para ter o registro exato do que foi trabalhado em cada classe; fotografar materiais didáticos indisponíveis para toda a classe, como páginas de um dado livro que a escola não dispõe para a classe toda; registrar por meio de filmes e imagens as atividades práticas no laboratório ou fora da sala de aula; desenvolver atividades no laboratório ou fora da sala de aula usando recursos de multimídia e outros disponíveis no celular (áudios/entrevistas, vídeos, imagens, apresentações, calculadora, cronômetro etc.); pesquisar conteúdos na internet (para os que têm smartphones); usar como fonte de material de consulta em "provas com consulta" (podendo usar o conteúdo da memória do celular ou o obtido via internet ou redes sociais).

E não usam o telefone celular em classe para:

> fazer ou receber ligações na sala de aula (isso eles podem fazer quando saem para ir ao banheiro); jogar videogame, assistir a vídeos, ouvir música, participar de redes sociais, navegar pela internet ou fazer qualquer outro uso que não tenha sido explicitamente solicitado por mim como parte de alguma atividade pedagógica;

produzir qualquer tipo de material (áudio, imagem, vídeo etc.) não solicitado explicitamente por mim; participar de redes sociais ou manter comunicações com outras pessoas, exceto quando isso faz parte de uma atividade e foi solicitado por mim.

Segundo Antonio (2012), raras vezes seus alunos usam indevidamente o celular, não necessitando sancionar um aluno para além de uma advertência verbal e discreta. Aproveita ainda para orientá-los sobre o uso seguro do celular, da internet, sobre questões éticas envolvendo direitos autorais e privacidade dos colegas.

No entanto, para que práticas didáticas como esta se disseminem, os governos devem investir mais, porém, as escolas e professores também devem estar abertos, preparados e motivados a incorporar as transformações trazidas pelas novas TICs, para conseguir reconquistar seu público oferecendo-lhe os instrumentos de que necessita em sua vida escolar.

Desse modo, se alunos e professores diariamente estão fazendo uso das novas TICs em suas casas e trabalho, "por que será que é tão difícil incorporar na prática pedagógica essas ferramentas que já estão incorporadas no dia a dia de alunos e professores?", pergunta o professor Antonio (2012).

O fato é que para Lévy (2009), os novos sistemas da informática permitem-nos compreender facilmente dados complexos mediante representações visuais, possibilitando uma percepção da realidade jamais alcançada. Por isso, para o autor,

> podemos, talvez, comparar a nossa época ao século XVII, época em que se inventou o microscópio e o telescópio, onde se descobriu todo um universo do "infinitamente pequeno" e todo um universo do "infinitamente grande". Hoje estamos descobrindo o universo do "infinitamente complexo" porque temos um meio de representá-lo, de interagir com esse universo justamente por causa da tecnologia intelectual que é a informática.

Segundo Vargas Llosa (2012: 209-10), Nicholas Carr, graduado em Literatura pela Universidade de Harvard, nos Estados Unidos, tornou-se um profissional e especialista em novas tecnologias da comunicação, dedicando a elas grande parte do seu tempo e numerosas publicações, até descobrir que deixara de ler livros, tornara-se incapaz de concentrar-se na leitura. Tomou então uma decisão radical: com sua esposa deixou as ultramodernas instalações de Boston e foi morar numa cabana nas montanhas de Colorado, sem celular e uma internet que chegava tarde, mal ou nunca, onde escreveu o polêmico livro que o tornou famoso, do qual foi extraído o trecho que segue, um valioso estímulo à reflexão sobre o nosso futuro:

> A net exige a nossa atenção com uma insistência muito maior do que jamais ousaram a televisão, o rádio ou nosso jornal matinal. Observe um garoto enviando texto a seus amigos ou uma estudante universitária examinando a listagem de novas mensagens e pedidos no seu Facebook ou um empresário rolando os e-mails no seu BlackBerry – ou considere a si mesmo quando você entra com palavras-chave no campo de busca do Google e começa a seguir uma trilha de links. O que você vê é uma mente consumida por uma mídia. Quando estamos on-line, frequentemente estamos desligados de tudo o mais que está ocorrendo ao nosso redor. O mundo real se afasta enquanto processamos a enxurrada de símbolos e estímulos que é despejada pelos nossos dispositivos.
> [...] Nosso uso da internet envolve muitos paradoxos, mas aquele que promete ter a maior influência no longo prazo sobre como pensamos é que ela prende nossa atenção apenas para quebrá-la. Focamos intensivamente na própria mídia, na tela piscante, mas somos distraídos pela rápida oferta de estímulos e mensagens competindo entre si. (Carr, 2011: 164-5)

Por falar nisso

"A solidão humana aumentará em proporção direta ao avanço das formas de comunicação." (Werner Herzog)

"Tecnologia é a resposta, mas qual era a questão?" (Cedric Price)

"Se considerarmos a totalidade da vida, então o controle da natureza por meio da tecnologia só é possível ao preço de nos escravizarmos a ela e de abandonarmos a espiritualidade como o alvo central da vida." (Gerg Simmel)

"Nossas invenções costumam tornar-se bonitos brinquedos que distraem nossa atenção das coisas sérias." (Henry Thoreau)

"Meus filhos terão computadores, mas antes terão livros." (Bill Gates)

"É um equívoco imaginar que a escola do futuro será aquela que melhor lidar com as máquinas. Bobagem. A boa escola será aquela que submeter seus alunos à maior quantidade possível de experimentações e pesquisas, nas quais o professor desempenhe o papel de facilitador." (Gilberto Dimenstein)

"Considero ferramentas tanto os computadores como a internet. Se for para investir, devemos investir nos professores. São eles os responsáveis por motivar as crianças, sozinhos os computadores não motivam ninguém." (Charles Wang)

AVALIANDO A APRENDIZAGEM

> *Nossos "maus alunos" (alunos considerados sem futuro) nunca chegam sozinhos à escola. É uma cebola que entra na sala de aula: algumas camadas de desgosto, medo, preocupação, rancor, raiva, vontades não satisfeitas, renúncias furiosas, acumuladas no fundo de um passado vergonhoso, um presente ameaçador, um futuro condenado. Olhe como eles chegam, seus corpos em formação e suas famílias dentro das mochilas. A aula não pode verdadeiramente começar antes que o fardo seja depositado no chão e que a cebola seja descascada.* (Daniel Pennac)

Pensemos um pouco sobre a nossa vida escolar. Quantas vezes fomos avaliados? Será que todas essas avaliações contribuíram para a aprendizagem e para o nosso desenvolvimento intelectual, emocional e social, para a nossa realização como pessoa? Depois de tantas avaliações, pode-se afirmar que, ao menos, aprendemos a nos avaliar a nós mesmos? A ter um espírito crítico em relação ao que falamos e fazemos?

Essas perguntas colocam-nos diante de um fato bastante comum: as escolas e os professores passam grande parte do tempo avaliando, julgando, classificando o aluno. Em muitos casos, um número excessivo de avaliações produz prejuízos para a aprendizagem, na medida em que pode desenvolver no aluno um autoconceito negativo, uma consciência de que é incapaz, quando se sabe que todas as pessoas são capazes e querem aprender sempre mais.

O aluno não é um ser inanimado que possa ser medido objetivamente e classificado em série, ao lado de outros objetos. O professor também não é um horticultor, que observa verduras e legumes, encaminhando os bons para o mercado e desprezando os outros.

Seis pontos importantes sobre a avaliação serão objetos de estudo neste capítulo: 1) o que é avaliação?; 2) as etapas da avaliação; 3) os instrumentos de avaliação; 4) a interpretação dos resultados; 5) o problema da reprovação; e 6) a autoavaliação.

O QUE É AVALIAÇÃO?

Avaliar não é simplesmente medir. Pode-se medir o comprimento da sala de aula, a área da lousa, a altura do Lucas etc. Mas não se pode medir objetivamente o comportamento de uma pessoa, a aprendizagem de um aluno. Como poderia o professor medir objetivamente as mudanças produzidas por um processo de aprendizagem sobre a personalidade de uma criança?

Então, o que é avaliar? É muito mais do que medir, embora possa incluir a medida. A avaliação não pode se constituir numa espécie de "julgamento final". Se o professor avalia um aluno pelo acerto ou pelo erro numa conta de somar, por exemplo, ele estará usando a medida – acertou ou errou – como uma avaliação final: João errou e está mais atrasado que Justina, que acertou; Justina sabe somar e João não sabe.

Entretanto, quem garante que João não sabe somar? Quem sabe, ele errou a conta apenas porque se atrapalhou na hora, estava nervoso por causa de uma situação particular, ou não ligou muito para a conta, fez de qualquer jeito! Além disso, o fato de João não ter acertado a soma não significa que está mais atrasado que Justina, pois ele pode saber muitas coisas que ela não sabe. E tem mais: com o erro na conta João pode ter aprendido, como acontece em muitos casos, quando o erro conduz ao acerto, ajuda a pessoa a aprender.

Aqui falamos de avaliação escolar – e avaliação escolar refere-se à aprendizagem das matérias escolares. Isto é: o aluno aprendeu ou não aprendeu? Aprendeu do jeito que foi ensinado ou não? Sabe fazer sozinho o que aprendeu? Então, se a avaliação escolar vai muito além do acerto ou erro de uma conta, por outro lado, também é muito limitada, restringindo-se aos objetivos da escola ligados a cada matéria do currículo.

Ocorre que muitas vezes, na prática, a avaliação extrapola esses limites: obtendo uma nota baixa em Matemática ou Ciências, o aluno passa a ser considerado incapaz de aprender, a ser discriminado pelo professor e pelos colegas. A partir de algo tão limitado quanto o rendimento numa matéria escolar, atinge-se toda a vida do estudante: suas emoções, suas relações com os amigos e com os pais, suas horas de lazer etc.

Uma avaliação escolar mais adequada deve restringir-se ao que o aluno faz num caso específico, numa matéria em particular, e não produzir efeitos sobre outros aspectos da sua vida. E mesmo essa avaliação específica e limitada pode ter sua utilidade posta em dúvida. Para que serve? Ajuda o aluno a aprender mais? Não poderia ele mesmo, individualmente e em silêncio, verificar se acertou ou não a conta de somar? Por que todos devem ficar sabendo? Por que registrar em numerosos papéis que este sabe somar e aquele não sabe? Por que convocar os pais para dizer-lhes que o seu filho não sabe somar?

Claro que o exemplo é um tanto quanto radical, mas ajuda-nos a refletir sobre a extensão e as consequências da avaliação, muitas vezes constrangedoras, tornando a escola algo desagradável, que desestimula em vez de estimular a vontade de aprender. Sendo considerada necessária, é importante que a avaliação seja feita e seus resultados sejam interpretados da forma menos prejudicial à aprendizagem livre e criativa. Para tanto, seguem algumas reflexões e sugestões.

Etapas da avaliação

A avaliação não é um momento final de uma etapa de aprendizagem, mas um processo contínuo. Começa já no *planejamento* da escola: no estabelecimento dos objetivos a serem atingidos pelos alunos e na escolha das atividades que poderão levar aos mesmos. Duas perguntas básicas delimitam essa primeira fase: o que devem saber fazer os alunos no final do processo? Que atividades podem levá-los a aprender e alcançar os objetivos?

O segundo passo é a *realização* das atividades planejadas. Se o aluno deve aprender a somar, durante o processo de aprendizagem deve realizar atividades que possam levá-lo a alcançar esse objetivo: ouvir uma explicação do professor, conversar com os colegas a respeito, tentar fazer uma conta etc.

A terceira fase é a *verificação*. Por meio dos instrumentos de avaliação de que dispõe, o professor pode verificar se o aluno aprendeu ou não, ou seja, se sabe ou não somar. Caso tenha aprendido, passa-se para o ponto seguinte. Se não, volta-se ao mesmo ponto, lançando mão de outras atividades.

Nas três etapas – planejamento, realização e verificação –, é de importância fundamental a participação dos alunos. Se eles participarem da escolha dos objetivos e das atividades a serem desenvolvidas, naturalmente estarão em condições de verificar se alcançaram as metas, se as atividades foram adequadas para tanto. Se a verificação for feita pelos alunos, juntamente com o professor, eles estarão mais dispostos a mudar o que for preciso, caso não tenham alcançado os objetivos, ou a continuar o processo de aprendizagem.

Instrumentos de avaliação

Entre os diversos instrumentos que podem ser utilizados para a verificação da aprendizagem, alguns dos mais empregados são os testes objetivos, as provas orais, as dissertações e os trabalhos livres.

Testes objetivos

Os chamados testes objetivos, na verdade, não são tão objetivos assim. Na formulação das perguntas, na escolha dos itens a serem incluídos e na própria seleção da resposta correta, entra muito da subjetividade de quem elabora os testes.

Falso-verdadeiro, múltipla escolha, preenchimento de lacunas e acasalamento são os testes objetivos mais conhecidos.

Enquanto a elaboração dos testes objetivos é demorada, sua correção é tão simples que pode ser feita por qualquer pessoa que disponha da lista de respostas, e até mesmo por um computador. Na medida em que as respostas não admitem variações, ou seja, cada pergunta só tem uma resposta, afirma-se que a avaliação é mais objetiva, mais neutra. São os testes preferidos quando o número de examinandos é muito grande.

Entretanto, na medida em que cobram respostas memorizadas que o aluno se limita a assinalar, há quem entenda que esses tipos de teste tendem a restringir o desenvolvimento do raciocínio e da linguagem. Além disso, o acerto pode ser fruto do acaso, já que quando não sabe, o aluno "chuta" qualquer resposta e tem certa probabilidade de acertar: 50%, no teste tipo falso-verdadeiro, e 25%, no teste de múltipla escolha com quatro alternativas.

William A. Brownell contesta a objetividade dos chamados testes objetivos:

> Bem, em primeiro lugar... alguém decide aplicar um teste. A decisão não é, naturalmente, baseada em considerações puramente objetivas. Segundo, a pessoa determina se vai elaborar ou comprar um teste... Terceiro, deve decidir-se a respeito do tipo de teste – se vai ser do tipo tradicional, do tipo mais moderno ou uma combinação dos dois – julgamento subjetivo, novamente. Quarto, fixa o objetivo do teste – mais uma vez, julgamento subjetivo. Quinto, seleciona os itens a serem incluídos – pequena objetividade, aqui. Sexto, escolha a forma a ser empregada – verdadeiro-falso, múltipla escolha ou qualquer outra – novamente pequena objetividade. Sétimo, constrói os itens tão cuidadosamente quanto possível – e mais uma vez tem apenas o seu próprio tirocínio como guia. Oitavo, prepara uma chave de correção, colocando numa lista as respostas certas – um julgamento que pode não ser aceito por outros professores, mesmo os da mesma matéria. Nono, através da sua opinião, define as condições de aplicação do teste. Décimo, corrige as provas – finalmente, objetividade. (apud Lindgren, 1971 II: 440)

Provas orais

Muito utilizadas no passado, atualmente são poucas as escolas onde ainda subsistem, pois sua aplicação apresenta dificuldades como a demora em examinar todos os alunos, a desvantagem do aluno tímido, a variação da dificuldade das questões apresentadas aos diversos alunos, o que pode ocasionar injustiças etc.

Todavia, apesar dessas dificuldades, quando conduzidas com seriedade, as provas orais podem trazer resultados positivos: o aluno adquire maior domínio da matéria, desenvolve habilidade para falar em público, treina a sua expressão oral e a convivência na sala de aula pode melhorar na medida em que os alunos aprendem a ouvir com respeito aquele que está sendo examinado, enquanto o professor pode chegar a um maior conhecimento dos seus alunos.

Dissertações

Dissertações são provas escritas, podendo assumir a forma de perguntas a serem respondidas ou de uma redação sobre um tema. Possibilitam um trabalho mais criativo, pois o aluno tem liberdade para responder ou dissertar sobre o tema proposto. Estimulam o pensamento e a elaboração pessoal, além de desenvolver a linguagem. É só escrevendo que se aprende a escrever e, para tanto, é importante que o professor encontre tempo para comentar as dissertações dos alunos, valorizando os progressos que vão alcançando.

Os que são contrários às provas dissertativas alegam que elas não permitem objetividade na correção, já que cada professor pode usar critérios diferentes. Observa-se que a mesma prova dissertativa, corrigida por diversos professores, obtém, muitas vezes, notas bastante diferentes.

Entretanto, entre uma prova que é subjetiva na preparação – o teste – e outra que é subjetiva na correção – a dissertação –, devemos escolher aquela que contribui mais para o desenvolvimento da criatividade e para a realização pessoal. Parece ser o caso da dissertação, que possibilita ao aluno expor e defender com liberdade as suas ideias.

Trabalhos livres

Quando o aluno pode escolher o tema da sua dissertação, o assunto da sua pesquisa ou o tipo de trabalho que vai fazer, certamente o seu grau de liberdade é bem mais amplo. Com maior liberdade de trabalho, crescem o interesse e, até, o entusiasmo pela matéria. E os resultados, em termos de rendimento escolar e de realização pessoal, podem ser muito significativos e gratificantes.

Interpretação dos resultados

Como já foi dito, não se pode dar demasiada importância ao resultado de uma prova ou a um trabalho isolado e, a partir dos mesmos, fazer juízos de valor sobre o aluno. Sobre a interpretação dos resultados, convém que consideremos cinco pontos:

1º) Toda a avaliação deve ter como critério o *aluno* que está sendo avaliado, suas aptidões e interesses. Isso significa que, em Ciências, por exemplo, se um aluno se interessa mais por ecologia, deve ter oportunidade de trabalhar mais nessa área, e ser especialmente avaliado por esse trabalho; se outro tem maior interesse por mineralogia, deve poder desenvolver-se mais nesse campo, obtendo nela a sua avaliação predominante e assim por diante.

2º) Do exposto no item anterior, infere-se ser prejudicial toda a *comparação* dos resultados de um aluno com os de outro: se, por um lado, a comparação pode estimular aquele que conseguiu melhores resultados, por outro, pode ser um desestímulo para aquele que se saiu pior. Além disso, o resultado da comparação pode ser a criação de um clima de competição nada educativo, principalmente porque pode transferir-se para a vida cotidiana dos alunos. Em tal clima, cada um passa a ver o companheiro como um concorrente a ser vencido ou eliminado, e não como um ser humano com o qual deve trabalhar em cooperação em busca da solução dos problemas comuns.

3º) A avaliação deve servir para aumentar a *confiança* do aluno em sua própria capacidade. A avaliação não se constitui um fim em si mesmo, mas é um meio, um instrumento, que deve servir como ponto de referência, para que o aluno saiba em que direção está avançando, o quanto está se aproximando dos objetivos estabelecidos. À medida que sentir que se aproxima sempre mais dos objetivos, aumenta a sua autoconfiança e sua disposição em se manter trabalhando.

4º) Para o *professor*, a avaliação também pode ser útil na análise dos resultados do seu próprio trabalho. É comum professores afirmarem que os alunos vão mal em suas provas porque não estudam, são preguiçosos, vagabundos. Mas a explicação pode ser outra. Às vezes, é o trabalho do professor ou a formulação da prova que não estão sendo adequados. Nesse sentido, a avaliação também pode ajudar o docente a aprimorar a sua forma de trabalho, a maneira como dá as suas aulas ou como elabora as suas provas.

5º) Por fim, uma palavra sobre a *nota*. Muitas vezes a nota é tão valorizada que pode favorecer o desenvolvimento de medos, traumas e, até, sintomas físicos como tremedeira, transpiração excessiva, diarreia etc. É evidente que o pavor de uma nota baixa, a insegurança diante de uma prova, podem prejudicar a aprendizagem. A nota deve ser vista como apenas um elemento do processo de ensino e aprendizagem, e nem de longe o mais importante, de modo a que não interfira negativamente no trabalho escolar.

O PROBLEMA DA REPROVAÇÃO

Alguns dizem que a ameaça de reprovação serve para motivar os alunos a estudarem. Sabe-se, porém, que o estudo sob pressão não produz os resultados positivos esperados e, muitas vezes, essa é a causa de muitas reprovações: diante da ameaça, o estudante sente muita responsabilidade, não tem tranquilidade para estudar e pode não obter os resultados esperados.

Outros acreditam que a reprovação serve para manter o nível elevado na escola. No entanto, observa-se que o aluno que não conseguiu bons resultados durante um ano, nem sempre consegue sucesso ao repetir as mesmas matérias no ano seguinte. Geralmente, os alunos repetentes mostram-se revoltados, indispostos a estudar tudo de novo durante mais um ano. Um ano repetido é um ano perdido: pesquisas mostram que o repetente não produz mais no ano que está repetindo do que produziu no anterior.

Para um terceiro grupo, a reprovação serve para manter a turma mais homogênea, com menos diferenças entre os alunos. Isso parece que também não tem fundamento: além de ser importante conviver com a diferença, geralmente existe mais semelhança entre os mais atrasados do quarto ano e os mais adiantados do terceiro, do que entre estes e os mais atrasados da sua turma, por exemplo. A divisão em séries também é muito arbitrária, pois o aluno pode aprender mais em um ano do que aprenderia em três em outras circunstâncias. A aprendizagem não resulta da simples passagem do tempo, ou seja, não se pode afirmar que quanto mais tempo se estuda mais se aprende.

De maneira geral, pode-se concluir que a reprovação é prejudicial, tanto para o desenvolvimento intelectual quanto para o desenvolvimento emocional e social do aluno. Pode ocorrer que a escola – o currículo, o material, o método de ensino – esteja inadequada às características reais dos alunos. Nesse caso, é claro que o caminho é a mudança do currículo, dos materiais didáticos e dos métodos de ensino, e não a reprovação pura e simples de crianças e jovens.

Autoavaliação

Segundo a Constituição brasileira, o objetivo da educação escolar é promover o pleno desenvolvimento da pessoa, além do preparo para o exercício da cidadania e da qualificação para o trabalho. E como pode a avaliação contribuir para que crianças e jovens alcancem tais objetivos, tornando-se seres livres e autônomos?

A avaliação pode ajudar na medida em que favorecer um processo educativo que promova, em crianças e jovens, o autoconhecimento e a capacidade de avaliar constantemente a própria aprendizagem e a própria prática cotidiana.

Ninguém aprende a se avaliar automaticamente, de um momento para outro, quando se torna adulto. A autoavaliação é aprendida aos poucos, durante o desenvolvimento. E cabe à escola parcela significativa da responsabilidade nessa aprendizagem, criando oportunidades e condições para que os alunos exerçam constantemente a autoavaliação.

Na medida em que crianças e jovens efetuem a autoavaliação diariamente, desenvolvem sua consciência crítica, de modo que cada atividade passa a ser avaliada mediante algumas perguntas básicas:

a) Como foi a minha participação?
b) Colaborei com os companheiros para chegarmos juntos aos resultados esperados?
c) Em que pontos errei?
d) Como posso contribuir para melhorar o sucesso do grupo?
e) Que críticas tenho a fazer ao trabalho escolar?
f) O que pode mudar?
g) Como aproveitar melhor o tempo?
h) Como posso contribuir para que a escola atenda mais às necessidades do bairro, da comunidade?

O filósofo e educador José Mario Pires Azanha (1996), no texto que segue, discorre sobre a diferença entre medir e avaliar.

> [...] na operação da medida a utilização de instrumentos automatiza as distinções ou os ajuizamentos quantitativos feitos pelo observador, ao passo que, na ausência de instrumentos de medida, esses ajuizamentos e distinções somente são possíveis a partir da experiência e do tirocínio do próprio observador. Exemplos muito simples podem ilustrar a importância prática dessa diferença: até uma criança seria capaz de dizer qual a velocidade de um carro olhando para o seu velocímetro, ou o peso de um objeto olhando para o ponteiro de uma balança; mas seria necessária uma ampla experiência para que um observador, sem o velocímetro ou sem a balança, avaliasse a velocidade de um carro ou o peso de um objeto.
> Na avaliação educacional, as situações são semelhantes àquela do observador sem instrumentos. Provas e trabalhos escolares não são instrumentos de medida no sentido canônico da expressão, mas simples meios auxiliares que subsidiam a avaliação pessoal que o professor faz da aprendizagem de seus alunos após um período de ensino.
> [...] quando a avaliação dos alunos é expressa por um conjunto de números, é usual que sejam esquecidas as condições muito particulares em que esses números foram atribuídos, e, a partir daí, eles são manipulados como se realmente fossem descrições confiáveis de uma propriedade ou qualidade. Não são; mas age-se como se fossem e com base nessas sumárias e precárias descrições os alunos são classificados como aprovados ou reprovados, com todas as consequências conhecidas.

Se há um aspecto do trabalho escolar que precisa ser urgentemente modificado é a avaliação. A questão sobre a qual precisamos refletir, inspirados pelo texto citado, é se nossas escolas avaliam ou medem. Ou se avaliam pensando que estão medindo.

A nossa lei de Diretrizes e Bases (9.394/96, art. 24, V, *a*) é muito clara ao determinar "avaliação contínua e cumulativa do desempenho do aluno, com prevalência dos aspectos qualitativos sobre os quantitativos e dos resultados ao longo do período sobre os de eventuais provas finais". Será isso o que acontece na prática cotidiana das nossas escolas?

Por falar nisso

"Os males da gramática são curados pela gramática, os erros ortográficos, pelos exercícios de ortografia, o medo de ler, pela leitura, o de não entender, pela imersão no texto, e o hábito de não refletir, pelo calmo reforço de uma razão estritamente limitada ao objeto que nos ocupa. Aqui, agora, nesta sala, durante esta hora de aula, enquanto aqui estamos." (Daniel Pennac)

"A avaliação, sob uma falsa aparência de neutralidade e de objetividade, é o instrumento por excelência de que lança mão o sistema de ensino para o controle das oportunidades educacionais e para dissimulação das desigualdades sociais, que ela oculta sob a fantasia do dom natural e do mérito individualmente conquistado." (Magda Becker Soares)

"A avaliação do ensino/aprendizagem só faz sentido para o aluno quando é um processo contínuo com vista à reflexão crítica sobre a prática e não apenas configurada por uma classificação e um discurso político vago desvinculado da realidade do educando." (Roberto Giancaterino)

"Como professor não me é possível ajudar o educando a superar sua ignorância se não supero permanentemente a minha." (Paulo Freire)

PROFESSORES E ALUNOS

Mestre não é quem sempre ensina, mas quem de repente aprende. (Guimarães Rosa)

Muitas pessoas ainda entendem o processo ensino-aprendizagem de forma estática. Ou seja, de um lado existe o professor que ensina, transmite informações; do outro lado está o aluno, que escuta e deve esforçar-se para aprender.

Trata-se de um reflexo do que acontece na sociedade mais ampla onde foram e, muitas vezes, ainda continuam sendo assim as relações entre adultos e crianças: na família, os pais devem mandar e os filhos, obedecer; na empresa, os patrões mandam e os empregados obedecem; na administração pública, os governos tomam as decisões, formulam as leis e os cidadãos devem cumpri-las. As crianças sempre enfrentam uma série de restrições: não podem falar palavrões, ver certos programas de televisão, ficar até tarde jogando no computador, sair à noite etc.

Paremos um pouco para pensar em nossa própria experiência escolar. O que foi que aconteceu? Quase sempre tivemos que permanecer sentados, em silêncio, sem poder manifestar nossa opinião, fazer propostas, sugestões etc. Geralmente, nem podíamos associar o que estava sendo ensinado com nossa vida fora da escola – em casa, nos brinquedos, na rua com os amigos... O que se esperava de nós? Ouvir, anotar, memorizar coisas que não entendíamos e, nas provas, repetir tudo igualzinho.

Gostávamos do que éramos obrigados a fazer? Provavelmente, não! Mas de tanto fazer a mesma coisa, muitas vezes acabamos nos habituando. É aí que mora o perigo! Pois, como professores, podemos repetir com nossos alunos aquilo que condenamos em nossos antigos mestres. Daí a importância de refletirmos sobre as relações entre professores e alunos.

Uma relação dinâmica

Como toda e qualquer relação entre seres humanos, a que acontece entre professores e alunos também deve ser uma *relação dinâmica*. Na sala de aula, os alunos não deixam de ser pessoas para transformar-se em coisas, objetos que o professor pode manipular, jogar de um lado para o outro. Diferentemente de um depósito de conhecimentos memorizados sem entender, de um fichário, gaveta ou arquivo, o aluno é capaz de pensar, refletir, discutir, ter opiniões, participar, decidir o que quer e o que não quer, assim como o professor.

Na verdade, o que acontece numa relação dinâmica, não autoritária entre pessoas? Na sala de aula, enquanto ensina, o professor também aprende e, enquanto aprende, o aluno também ensina. O professor ouve os alunos, respeita os seus pontos de vista, trabalhando-os durante a aula; além de ouvir o professor, os alunos também relatam as suas experiências, que são únicas, das quais, apesar de intransferíveis, o professor e os colegas podem extrair lições importantes.

A aprendizagem é um processo contínuo. Quando tiverem consciência dessa realidade, professores e alunos saberão que são *seres em transformação*, a cada momento sendo os mesmos e também outros. Só crescemos e nos desenvolvemos na medida em que estivermos abertos a novos conhecimentos, dispostos a modificar nossas opiniões, nossas crenças, nossas convicções. Se nos aferrarmos a nossas ideias, sem disposição para discuti-las e, se for o caso, modificá-las, permaneceremos parados no tempo ou, pior, caminhando para trás.

A INTERAÇÃO SOCIAL

Por interação social entende-se o processo de influência mútua que as pessoas exercem entre si. Assim, numa sala de aula, o professor exerce influência sobre os alunos e estes sobre o professor e os companheiros. Mesmo que você antipatize com um colega e nunca converse com ele, nem tome conhecimento da sua existência, os seus comportamentos também são influenciados por ele.

Nossos comportamentos são respostas contínuas e constantes ao ambiente físico e social. Reagimos a objetos e condições físicas: uma bola rolando "pede" para ser chutada; um sorvete, em dia de calor, é um convite à degustação; o frio "reclama" um agasalho. Reagimos a pessoas: um namorado sorridente é um estímulo a um abraço ou um beijo; uma pessoa necessitada é um convite a um gesto de proteção.

Entretanto, as pessoas despertam, umas nas outras, comportamentos diferentes: diante de alguém podemos desejar abraçar e beijar; junto a outra pessoa podemos querer ficar falando sem parar; uma terceira pode levar-nos a baixar a cabeça e atravessar a rua, fingindo não vê-la, e assim por diante. O que isso significa? Que há pessoas das quais tendemos a nos aproximar e outras das quais procuramos nos afastar. No entanto, as pessoas que em nós produzem afastamento podem provocar aproximação em outras pessoas e vice-versa; o que é agradável para nós pode ser desagradável para outros. Mas, por uma ou outra razão, sempre nos sentimos bem quando estamos junto de pessoas que nos agradam.

O que acontece na sala de aula? Um aluno vai se aproximar do professor na medida em que isso for agradável para ele e vai se aproximar dos colegas com os quais se sentir melhor, mais valorizado, mais confiante; o professor se aproximará dos alunos junto aos quais se sentir bem.

Portanto, assim como os alunos, o professor também não é neutro, desprovido de emoções, frio e distante. Como pessoa também tem sentimentos, simpatias, antipatias, amor, ódio, medo, timidez etc. E as reações do professor dependem, em grande parte, da maneira como ele percebe os alunos e convém, portanto, que ele tenha consciência de que suas percepções podem ser falhas e de que podem ser modificadas.

Janusz Korczak abriu o seu livro *Quando eu voltar a ser criança* com duas dedicatórias, uma ao leitor jovem, outra ao leitor adulto, que nos faz pensar sobre o trabalho de educar crianças e que, por isso mesmo, vai transcrita a seguir:

> Vocês dizem:
> – Cansa-nos ter de privar com crianças.
> Têm razão.
> Vocês dizem ainda:
> – Cansa-nos, porque precisamos descer ao seu nível de compreensão.
> Descer, rebaixar-se, inclinar-se, ficar curvado.
> Estão equivocados.

Não é isso o que nos cansa, e, sim, o fato de termos de elevar-nos até alcançar o nível dos sentimentos das crianças. Elevar-nos, subir, ficar na ponta dos pés, estender a mão. Para não machucá-las. (s.d.: 9)

A importância da percepção

Muitas vezes, tendemos a rotular as pessoas e classificá-las de forma maniqueísta em dois grupos: achamos algumas simpáticas e outras antipáticas; algumas inteligentes e outras burras; algumas honestas e outras desonestas; algumas bonitas e outras feias; algumas trabalhadoras e outras preguiçosas; algumas organizadas e outras desorganizadas; algumas boas e outras más e assim por diante.

Agrado e desagrado dependem da percepção que temos das pessoas e vão influir na forma do nosso relacionamento com elas. Na escola, por exemplo, se um professor acha que um aluno é incapaz, nada sabe e nada entende, ele pode tender a tratá-lo de acordo com essa percepção. Mesmo que o aluno não seja nada disso, o julgamento do professor, que é uma pessoa que tem influência sobre ele, pode levá-lo a ter os comportamentos de incapaz dele esperados pelo docente.

Geralmente, todas as pessoas, inclusive o professor, têm preconceitos. A origem desses preconceitos pode estar nas informações recebidas do professor anterior – "cuidado com o Gilberto, é um capeta!", "aquele moleque que senta no canto esquerdo, lá no fundo, é endiabrado", "a Luiza só pensa em namorar", "o Luís é muito relaxado e preguiçoso" – nas conversas de um colega que leciona na mesma turma, num determinado comportamento do aluno, no lugar em que o aluno mora, em seu jeito de falar, vestir, no fato de ser repetente etc. O preconceito é um julgamento feito antes do conhecimento da pessoa; é um juízo que formamos a partir de um fato limitado, isolado, que generalizamos para a pessoa como um todo.

O preconceito, portanto, é um julgamento falso, que não se baseia na realidade, mas num aspecto parcial dela. E compreender as bases do preconceito é o primeiro passo para combatê-lo. Quantas vezes, por experiência própria, você constatou que sua informação ou percepção sobre uma pessoa era falsa: "Quando o vi pela primeira vez, pensei que ele era chato e arrogante. Agora vejo que é simpático, agradável, delicado." "No primeiro dia de aula, o professor pareceu durão e antipático, agora vejo que é diferente."

Compreendendo a limitação dos julgamentos preconceituosos, o professor precisa tomar certas precauções, evitar juízos apressados, procurar compreender os alunos e as razões do seu comportamento. Para tanto, pode lançar mão de observações constantes do comportamento dos alunos, utilizar entrevistas e conversas informais com eles e com seus pais etc.

Os preconceitos não permitem que conheçamos as pessoas como realmente são. Na verdade, *toda a pessoa tem um potencial muito grande de aprendizagem.* Cabe ao professor reconhecer esse potencial em seus alunos e contribuir para a sua realização.

Concluindo, podemos afirmar que tanto a interação social depende da percepção que temos das pessoas com quem interagimos, quanto a própria percepção depende do tipo de interação que temos com essas pessoas. Percepção e interação social são, portanto, interdependentes.

Sobre os preconceitos que muitas vezes envenenam as relações interpessoais, vejamos esta interessante passagem do livro *Ressurreição*, do escritor russo Liev Tolstoi:

Uma das superstições mais costumeiras e difundidas é a de que cada pessoa tem determinadas qualidades só suas, que existe a pessoa boa, a má, a inteligente, a tola, a enérgica, a apática, etc. As pessoas não são assim. Podemos dizer sobre uma pessoa que ela é boa com mais frequência do que má, mais inteligente com mais frequência do que tola, enérgica com mais frequência do que apática, e o contrário; mas seria falso dizer sobre uma pessoa que ela é boa ou inteligente, e sobre outra que é má e tola. Mas sempre dividimos as pessoas dessa maneira. E isso é errado. As pessoas são como os rios: a água é a mesma para todos e é igual em toda a parte, mas cada rio é ora estreito, ora rápido, ora largo, ora calmo, ora limpo, ora frio, ora turvo, ora morno. Assim também são as pessoas. Cada um traz em si o germe de todas as qualidades das pessoas e às vezes se manifesta uma, às vezes outras, e não raro acontece de a pessoa ficar de todo diferente de si mesma, enquanto continua a ser exatamente a mesma. (2010: 191-2)

O clima psicológico

Você já sabe, por experiência própria, que a influência do professor na sala de aula é muito grande, seja ela positiva ou negativa, atingindo, além das atitudes dos alunos, a sua própria aprendizagem. É comum alunos que vão mal numa matéria melhorarem sensivelmente o rendimento quando trocam de professor; às vezes, alunos displicentes e desinteressados na aula de um professor mostram-se interessados e dedicados na aula de outro.

Como líder, o professor pode criar, na sala de aula, um clima psicológico que favoreça ou que desfavoreça a aprendizagem. Kurt Lewin e seus colaboradores Lippit e White (apude Mouly, 1973: 169) realizaram estudos experimentais para verificar os efeitos do tipo de liderança sobre o comportamento e a aprendizagem de meninos de 11 anos. Estudaram três tipos de liderança exercida por adultos: *autoritária, democrática* e *permissiva*. Cada um dos grupos de meninos trabalhou sob os três tipos de liderança, em diferentes ocasiões. Cada um dos tipos de líder foi assim caracterizado:

a) **Líder autoritário**. Tudo o que é feito é decidido pelo líder. Os grupos de trabalho também são formados por ele, que determina a cada um o que fazer. O líder não informa aos liderados quais os critérios de avaliação e as notas não merecem discussão. Portanto, o que o chefe diz é lei e ele não participa ativamente das atividades da turma, apenas distribui as tarefas e dá as ordens.

b) **Líder democrático**. Tudo o que for feito vai ser objeto de discussão e decisão da turma. Quando há necessidade de um conselho técnico, o líder sugere vários procedimentos alternativos, a fim de que os membros do grupo façam a escolha. Todos são livres para trabalhar com os colegas que quiserem, negociando para que todos tenham grupo e cabendo a todos a responsabilidade pela condução das atividades. O líder discute com o grupo os critérios de avaliação e participa das atividades da turma.

c) **Líder permissivo**. O líder desempenha um papel bastante passivo, permitindo total liberdade ao grupo e aos indivíduos, a fim de que estes determinem as suas próprias atividades. O líder coloca-se à disposição para fornecer ajuda no que for solicitado, não se preocupando com qualquer avaliação sobre a atividade do grupo e permanecendo alheio ao que está acontecendo.

Agora, os resultados de cada tipo de liderança:

a) Na **liderança autoritária**, as crianças manifestaram dois comportamentos típicos: apatia e agressividade. Quando o líder se afastava da sala, deixavam de lado as tarefas propostas e passavam a ter comportamentos agressivos e destrutivos, manifestando muita insatisfação com a situação.

b) Na **liderança democrática**, os meninos mostraram-se mais responsáveis e espontâneos no desenvolvimento das tarefas. Com a saída do líder, o trabalho continuou quase no mesmo nível em que estava antes. Por outro lado, sob a liderança democrática, tornam-se menos frequentes os comportamentos agressivos.

c) Sob a **liderança permissiva**, observou-se que as crianças não chegavam a se organizar como grupo e dedicavam mais tempo às tarefas propostas na ausência do líder, quando surgiam outras lideranças no grupo, que assumiam e conduziam as atividades dos meninos interessados em trabalhar.

Pesquisas realizadas em escolas têm mostrado que professores que gostam do que fazem, que são generosos nas avaliações, que se mostram tolerantes e amigos, que ouvem os alunos e estimulam a sua participação, obtêm melhores resultados do que os professores competentes em sua matéria, mas frios e distantes em relação à classe. Quanto mais jovens os alunos, mais suscetíveis ao relacionamento afetivo. Um sorriso, um abraço, uma palavra amiga costumam ter efeitos positivos mais expressivos sobre a aprendizagem do que inúmeros conselhos e ordens.

Com toda a certeza, ao longo da nossa vida, dentro e fora da escola, ouvimos muitos sermões e lições de moral. Também devemos ter visto muitas ações exemplares e edificantes, talvez fundamentais para a nossa formação. Lendo a fábula de La Fontaine que segue (1989: 119-20), podemos pensar no que acontece em nossos dias: fazemos mais sermões ou praticamos mais ações?

O menino e o mestre-escola

Neste relato eu pretendo mostrar
que os tolos ralham no momento errado.

Um meninote, que estava a brincar
junto do Sena, sem tomar cuidado,
caiu nas águas, mas, para sua sorte,
escapuliu da inexorável morte,
ao agarrar-se aos ramos de um salgueiro.
Apavorado, ele aprontou um berreiro
que um mestre-escola ali perto escutou.
O professor, num instante, o encontrou
e, ao avistá-lo, com severidade
repreendeu-o: – "És levado demais!
Sei que não tens responsabilidade,
mas não tens pena de teus pobres pais?
Em vez de orgulho e de satisfação,
só lhes dás mágoas e desilusão.
Mal-educado! Travesso! Vadio!"
Só depois disso é que o tirou do rio.

Não faço críticas aos professores,
mas aos pedantes, tolos e censores,
todos os três, caterva numerosa,
que a cada dia mais se multiplica.
Qualquer pretexto é bom para que, em prosa,
altissonante, rabugenta e rica,
lá venha o pito, a esfrega, a tosa.
Faz teus sermões depois, meu bom amigo,
mas tira-me antes do perigo!

Por falar nisso

"O mestre não é o repetidor de uma verdade pronta e acabada. Ele mesmo abre sobre a verdade uma perspectiva, o exemplo de um caminho rumo ao que ele aponta como verdadeiro. Pois a verdade é sobretudo o caminho da verdade." (Georges Gusdorf)

"O mestre ensina, mas ensina outra coisa que o que ensina. O mais alto ensinamento do mestre não está no que ele diz, mas no que ele não diz." (Georges Gusdorf)

"O professor tem de ser um provocador de sonhos." (Rubem Alves)

"A condição essencial para que um aluno, para que uma classe tenha bons resultados, é que o professor tenha confiança neles. Esta seria a reforma mais econômica da escola com que se poderia sonhar. Mas também a mais difícil de ser aplicada." (Mariella Righini)

"Uma única certeza é que a presença dos meus alunos depende estreitamente da minha: da minha presença junto à turma inteira e junto a cada indivíduo em particular, da minha presença na minha matéria também, da minha presença física, intelectual e mental, durante o tempo que vai durar a minha aula." (Daniel Pennac)

"Eu acho que as crianças devem ser tratadas como seres que pensam e com as quais se deve falar seriamente também das coisas mais sérias; isto lhes provoca uma impressão muito profunda, reforça o caráter, mas especialmente evita que a formação da criança seja deixada ao acaso das impressões do ambiente e à mecânica dos encontros fortuitos. É realmente estranho que os adultos esqueçam que foram crianças e não levem em consideração as próprias experiências." (Antonio Gramsci)

"Ai de nós, educadores e educadoras, se deixarmos de sonhar sonhos possíveis." (Paulo Freire)

BIBLIOGRAFIA

ALVES, G. L. *O trabalho didático na escola moderna*: formas históricas. Campinas: Autores Associados, 2005.
ALVES, R. *Desejo de ensinar e a arte de aprender*. Campinas: Fundação Educar, Dpaschoal, 2004.
ANTONIO, J. C. TICS, telefones celulares e a escolassaura. *Professor Digital*. SBO, 30 jan. 2012. Disponível em: <http://professordigital.wordpress.com/2012/01/30/tics-telefones-celulares-e-a-escolassaura>. Acesso em: 22 jul. 2012.
ARAUJO, J. C. S. *Entre o quadro-negro e a lousa virtual*: permanências e expectativas. 15 a 18 out. 2006. Disponível em: <http://www.anped.org.br/reunioes/29ra/trabalhos/trabalho/GT04-2277--Int.pdf> Acesso em: 23 jul. 2012.
AZANHA, J. M. P. *Avaliar e medir*. São Paulo, 1996. Mimeo.
BRUNER, J. *O processo da educação*. São Paulo: Companhia Editora Nacional, 1976.
BUROW, O.; SCHERPP, K. *Gestaltpedagogia*: um caminho para a escola e a educação. 3. ed. São Paulo: Summus, 1985.
CARR, N. *A geração superficial*: o que a internet está fazendo com nossos cérebros. Rio de Janeiro: Agir, 2011.
CASTELL, S. *Comunicação, poder e contrapoder na era da autocomunicação de massa*. 30 jun. 2010. Disponível em: <antoniolassance.blogspot.com.br>. Acesso em 20 jul. 2012.
CECCON. C. et al. *A vida na escola e a escola da vida*. Petrópolis: Vozes, 1982.
CELMA, J. *Diário de um educastrador*. São Paulo: Summus, 1979.
CORREL, W.; SCHWARZE, H. *Psicologia da aprendizagem*. São Paulo: Herder, 1971.
_____. *Distúrbios da aprendizagem*. São Paulo: EPU, 1974.
DEWEY, J. *Democracia e educação*: introdução à filosofia da educação. São Paulo: Companhia Editora Nacional, 1959.
_____. *Experiência e educação*. São Paulo: Companhia Editora Nacional, 1971.
_____. *Vida e educação*. 10. ed. São Paulo: Melhoramentos/Rio de Janeiro: Fundação Nacional de Material Escolar, 1978.

DOYLE, C. *Um estudo em vermelho*. Porto Alegre: L&PM, 2012.
FIORI, G. *A vida de Antonio Gramsci*. Rio de Janeiro: Paz e Terra, 1979.
FREINET, C. *Pedagogia do bom senso*. Lisboa: Moraes, s.d.
_____. *Para uma escola do povo*. Lisboa: Presença, s.d.
FREIRE, P. *Educação como prática da liberdade*. Rio de Janeiro: Paz e Terra, 1967.
_____. *Pedagogia do oprimido*. 3. ed. Rio de Janeiro: Paz e Terra, 1975.
FREUD, S. *Cinco lições de psicanálise*. São Paulo: Abril Cultural, 1974.
_____. *Esboço de psicanálise*. São Paulo: Abril Cultural, 1974.
GAGNÉ, R. M. *Como se realiza a aprendizagem*. Rio de Janeiro: Livros Técnicos e Científicos, 1974.
HARPER, B. et al. *Cuidado, escola!* 8. ed. São Paulo: Brasiliense, 1982.
HEBMÜLLER, P. A necessária educação emocional. *Jornal da USP*. São Paulo, 11 a 17 jun. 2012, p. 4.
HÉBRAD, J. A lição e o exercício: algumas reflexões sobre a história das práticas escolares de leitura e escrita. *Revista Educação*. Universidade Federal de Santa Maria, v. 32, n. 1, 2007, pp. 11-20. Disponível em: <http://www.ufsm.br/ce/revista>. Acesso em: 21 jul. 2012.
HESSE, H. *Demian*. 3. ed. Rio de Janeiro: Civilização Brasileira, 1968.
HILGARD, E. R. *Teorias da aprendizagem*. São Paulo: EPU, 1973.
KLAUSMEIER, H. J. *Manual de psicologia educacional*. São Paulo: Harbra, 1977.
KNELLER, G. F. *Arte e ciência da criatividade*. São Paulo: Ibrasa, 1968.
KÖHLER, W. *Psicologia da Gestalt*. Belo Horizonte: Itatiaia, 1968.
KORCZAK, J. *Quando eu voltar a ser criança*. São Paulo: Círculo do Livro, s.d.
LA FONTAINE, J. de. *Fábulas de La Fontaine*. Belo Horizonte: Itatiaia, 1989, v. 1.
LAGO, S. R. *Conversas com quem gosta de aprender*. Campina Grande do Sul: Editora Lago, 2004.
LEFRANÇOIS, G. R. *Teorias de aprendizagem*: o que a velha senhora disse. 5. ed., São Paulo: Cengage, 2008.
LÉVY, P. *As tecnologias da inteligência*: o futuro do pensamento na era da informática. 13. ed. São Paulo: Editora 34, 2004.
_____. *Internet e desenvolvimento humano*. SESC/SP, 29 ago. 2009 Disponível em: <http://www.crmariocovas.sp.gov.br/esp_a.php?t=001>. Acesso em: 25 jul. 2012.
LEWIN, K. *Princípios de psicologia topológica*. São Paulo: Cultrix/Edusp, 1973.
LINDGREN, H. C. *Psicologia na sala de aula*. Rio de Janeiro: Ao Livro Técnico, 1971, 2 v.
MANUELLS, M. *A sociedade em rede*. 6. ed. São Paulo: Editora Paz e Terra 2010, v. 1.
MARGALL, G. *Novos paradigmas de sala de aula*: cinco mandamentos para uma transição feliz. Disponível em: <http://professordigital.wordpress.com/2011/08/20/novos-paradigmas-de-sala-de-aula/>. Publicado em 20 ago. 2011. Acesso em: 20 jul. 2012.
MILHOLAN, F.; FORISHA, B. E. *Skinner X Rogers*. São Paulo: Summus, s.d.
MORSE, W. C.; WINGO, G. M. (orgs.). *Leituras de psicologia educacional*. São Paulo: Nacional, 1968.
MOULY, G. J. *Psicologia educacional*. 5. ed. São Paulo: Pioneira, 1973.
MURRAY, E. J. *Motivação e emoção*. Rio de Janeiro: Guanabara-Koogan, 1986.
NEILL, A. S. *Liberdade sem medo (Summerhill)*. 6. ed. São Paulo: Ibrasa, 1968.
NIDELKOFF, M. T. *A escola e a compreensão da realidade*. 7. ed. São Paulo: Brasiliense, 1983.
_____. *Uma escola para o povo*. 16. ed. São Paulo: Brasiliense, 1983.
NOVAS TECNOLOGIAS NA EDUCAÇÃO: A ESCOLA FORMANDO A GERAÇÃO DIGITAL. *Aprendizagem*. Pinhais: Editora Melo, 2010, ano 4, n. 20.
PACIEVITCH, Thais. *Tecnologia da informação e comunicação*. Publicado em 24 mar. 2009. Disponível em: <http://www.infoescola.com/informatica/tecnologia-da-informacao-e-comunicacao>. Acesso em: 24 jul. 2012.

PATTO, M. H. S. *Introdução à psicologia escolar.* São Paulo: T.A. Queiroz, 1981.
PENNAC, D. *Diário de escola.* Rio de Janeiro: Rocco, 2008.
PENTEADO, W. M. A. et al. *Psicologia e ensino.* São Paulo: Papelivros, 1980.
PERRENOUD, P. *Dez novas competências para ensinar.* Porto Alegre: Artmed, 2000. Cap. 8: Utilizar novas tecnologias. Disponibilizado na Biblioteca do Siape – Sistema de Ação Pedagógica. Disponível em: <http://crv.educacao.mg.gov.br/aveonline40/banco_objetos_crv%7B331E69C0-5BC3-4252-B3B8-F58003EF03932012791211326%7D.pdf>. Acesso em: 23 jul. 2012.
PIAGET, J. *Seis estudos de psicologia.* Rio de Janeiro: Forense, 1969.
_____. *Para onde vai a educação?* Rio de Janeiro: José Olympio, 1973.
PILETTI, C.; PILETTI, N. *História da educação:* de Confúcio a Paulo Freire. São Paulo, Contexto, 2012.
PILETTI, N. *Psicologia educacional.* 17. ed. São Paulo: Ática, 2001.
_____.; ROSSATO, G. *Educação básica:* da organização legal ao cotidiano escolar. São Paulo: Ática, 2010.
_____; ROSSATO, S. M. *Psicologia da aprendizagem:* da teoria do condicionamento ao construtivismo. São Paulo: Contexto, 2011.
REVISTA APRENDIZAGEM: a revista da prática pedagógica (nº 20). Novas tecnologias na educação: a escola formando a geração digital. Disponível em: <www.editoramelo.com.br/?page_id=128>. Acesso em: 20 jul. 2012.
RODRIGUES, L. *Menos da metade das escolas públicas de ensino fundamental tem acesso à internet.* Publicado em 30 de julho de 2012a. Disponível em: <http://www.todospelaeducacao.org.br/comunicacao-e-midia/noticias/23529/menos-da-metade-das-escolas-publicas-de-ensino-fundamental-tem-acesso-a-internet/>. Acesso em: 3 jul. 2012.
_____. *Para especialistas o uso das novas tecnologias amplia possibilidades de aprendizado.* Publicado em 30 jul. 2012b. Disponível em: <http://www.todospelaeducacao.org.br/comunicacao-e-midia/noticias/23530/para-especialistas-o-uso-das-novas-tecnologias-amplia-possibilidades-de-aprendizado>. Acessado em: 03 jul. 2012
ROGERS, C. R. *Liberdade para aprender.* Belo Horizonte: Interlivros, 1972.
_____. *Tornar-se pessoa.* 6. ed. São Paulo: Martins Fontes, 1982.
SANTOS, V. M. dos. *Caderno Escolar:* um dispositivo feito peça por peça para a produção de saberes e subjetividades. Disponível em: <http://www.sbhe.org.br/novo/congressos/cbhe2/pdfs/Tema7/7111.pdf>. Acesso em: 22 jul. 2012.
SAWREY, J. M.; TELFORD, C. W. *Psicologia educacional.* 2. ed. Rio de Janeiro: Livros Técnicos e Científicos, 1979.
SENNA, V. Entrevista a Sabine Righetti. *Folha de S.Paulo.* São Paulo, 2 jul. 2012, p. A12.
SKINNER, B. F. *Ciência e comportamento humano.* 2. ed. São Paulo: Edart, 1974.
_____. *Tecnologia do ensino.* São Paulo: Herder, 1972.
_____. *Sobre o behaviorismo.* São Paulo: Cultrix/Edusp, 1982.
TAYLOR, C. W. *Criatividade:* progresso e potencial. São Paulo: Ibrasa, s.d.
TOLSTOI, L. *Ressurreição.* São Paulo: Cosac Naify, 2010.
VARGAS LLOSA, M. *La civilización del espetáculo.* Buenos Aires: Alguilar/Altea/Taurus/Alfaguara, 2012.
VIGOTSKI, L. S. *A construção do pensamento e da linguagem.* São Paulo: Martins Fontes, 2001.
UNESCO. *Padrões de competência em TIC para professores:* diretrizes de implementação. Brasília, 2009. Disponível em: <http://unesdoc.unesco.org/images/0015/001562/156209por.pdf>. Acesso em: 23 jul. 2012.
_____. *TICs na educação do Brasil.* Disponível em: <http://www.unesco.org/new/pt/brasilia/communication-and-information/ict-in-education>. Acesso em: 23 jul. 2012.

O AUTOR

Nelson Piletti graduou-se em Filosofia, Jornalismo e Pedagogia. É doutor em Educação (USP), ex-professor de ensino fundamental e médio e professor aposentado de Introdução aos Estudos de Educação e de Psicologia Educacional, no curso de Licenciatura, e de História da Educação Brasileira, na pós-graduação da Faculdade de Educação da USP. É autor de livros nas áreas de Educação e História e coautor de *Dom Helder Camara: o profeta da paz* (com Walter Praxedes), *Psicologia da aprendizagem: da teoria do condicionamento ao construtivismo* (com Solange Marques Rossato) e *História da educação: de Confúcio a Paulo Freire* (com Claudino Piletti), publicados pela Editora Contexto.